メンタルヘルス大国アメリカで実証された心がモヤらない練習

Exercise not to be gloomy that was proved in The U.S
of the mental health powerhouse.

精神科医
須田賢太

まるいがんも
マンガ

sanctuary books

メッセージ

誰かの何気ない言葉に傷ついてしまったり、
自分の気持ちをうまく伝えられずにモヤモヤしたり。

過去の失敗を思い返して落ち込んだり、
まだわからない先のことを考えて
不安でたまらなくなったり。

私たちの心には、いろんな感情が渦巻いています。
「嬉しい」や「楽しい」もあるけれど、
「悲しい」や「怖い」や「腹立たしい」もある。

感情に振り回されていると、
次第に心がすり減っていきます。
ときには本来の自分を見失ってしまうことも。

では、どうすればいいのでしょうか。
感情を押しころす？　感情のままに行動する？

これから紹介するのは、
感情を抑え込むのでも、ただ身を任せるのでもなく、
心の状態を知ってコントロールしていくための方法。

苦しみを引き起こす感情・思考・行動のパターンを知り、
変えていくスキルを身につけることで、
自分自身を守り、人や社会ともうまくかかわれるようになります。

何度も試して、続けるうちに
人生の質も高めることにつながる方法だから、
一度身につけたら、ずっとあなたを守ってくれます。

今をラクに生きる。
未来をもっとラクに生きる。
そのために役立つ
「30の行動リスト」をお届けします。

はじめに

感情を刺激される出来事があったとき、どうしていいかわからなくなったり、普段しないような言動をとってしまったりした経験はありませんか？

私たちは感情とともに生きています。好きなことをしているときの充実感や、誰かと一緒にいるときの心地よさ、新しい世界を体験したときの刺激的な気持ち。感情は私たちの人生を豊かにしてくれる、とても大切なものです。

ただ、感情はときに痛みをともないます。つらい感情に振り回されて苦しんだり、そのせいで事態や人間関係を悪化させてしまったりすることもあるでしょう。

この本は、感情が不安定になりがちな人や生きづらさを感じている人のための本。仕事、友人関係、恋愛など、日常生活で生じるいろいろな悩みに対して、**苦しみを引き起こす感情・思考・行動のパターンを変えていく**方法を具体的に紹介しています。

メンタルケアやメンタルトレーニングに関する本は世の中にたくさんありますが、この本からは「新しさ」を感じていただけるのではないでしょうか。なぜなら、今回紹介する方法は、日本ではまだあまり知られていない心理療法にもとづいた方法だからです。

アメリカで生まれた「弁証法的行動療法（DBT）」

私のクリニックには、「境界性パーソナリティ障害」と診断される方が多く来院されます。境界性パーソナリティ障害は、恋人などから見捨てられたのではないかと感じることなどがきっかけで感情を刺激されると、圧倒されるような感情に飲み込まれてしまい、もとの安定した情緒になかなか戻ることができないという症状が特徴的。

そのせいで衝動的な行動に出てしまったり、人に強くあたってしまったりするため、対人関係をうまく築けない傾向にあります。

その境界性パーソナリティ障害に特化した治療法が、**アメリカで生まれた「弁証法的行動療法（DBT）」**。

弁証法的。聞き慣れない言葉ですよね。「難しそう……」と思ったでしょうか。

言葉の意味はわからなくても大丈夫。伝えたいのは、このDBTという心理療法が、境界性パーソナリティ障害に効果があると**科学的に立証された初めての治療法**だということです。

従来、境界性パーソナリティ障害の治療には、精神分析や認知行動療法などの心理療法が用いられていました。しかし、感情が不安定で衝動的な行動を抑えられないという特有の症状には効果が不十分であり、認知行動療法をベースに新たに開発されたのがDBTです。

このプログラムを受けた患者さんは、リストカットや大量服薬などの自分を傷つける行為、入院する割合、入院日数などが、ほかの治療法と比べて減少。治療を終えたあとの社会生活の安定度が高いという結果が出ました。

ＤＢＴがほかの心理療法と大きく違うのは、**「今の自分」や「今の状況」をあるがままに受け入れる「受容」**を重視している点。そのうえで、苦しみを引き起こしている感情・思考・行動のパターンを変えていきます。この「受容」を柱とするマインドフルネスは、東洋の瞑想を取り入れてできたものです。

また、スキルトレーニングを通じて患者さんの努力を引き出し、**能動的にスキルを身につけてもらうプログラム**であることも特徴。一度習得すれば日常生活で活かせるようになり、人生の質が向上していきます。

あるがままの自分を受け入れ、傷つきやすい自分とさよならする

これだけ効果があり、アメリカで高い評価を得ているＤＢＴですが、アメリカとの保険診療体制の違いなどから日本で取り入れているクリニックはまだわずか。日本では、境界性パーソナリティ障害に特化したものではない一般的な内容のカウンセリングをカウンセ

ラーがおこなう、あるいは医師が薬による治療をおこなうケースが大半です。

私がクリニックを開業したのは、**「科学的に効果が立証された治療法で、薬以外の治療を十分に受けられていない患者さんを救いたい」**という思いから。DBTについても、日本の保険診療体制に沿ってアレンジしたプログラムを実施しています。

患者のみなさんはめずらしい治療法に興味を抱き、「これをやったらよくなる」という希望をもって取り組んでくれます。

ほかの治療法のなかには、過去の自分と長時間向き合わなければならず精神的にかなり負荷がかかるものもあるのですが、DBTにはそういったことがあまりありません。また、数か月で少しずつ変化を自覚する人が多く、それも前向きに取り組める理由だと思っています。

この本は、私のクリニックで実施しているDBTプログラムを、**日常生活で実践しやすいようにわかりやすく噛み砕いたもの。**境界性パーソナリティ障害の診断はつかないレベルでも、ネガティブな感情に支配されやすく傷つきやすい方に実践していただける内容になっています。

患者さんが自分自身でプログラムに取り組めるようにＤＢＴの翻訳本も出版されていますが、専門的な内容でとても難しく、自力でひととおり読める方はほとんどいません。私たち治療者がガイドしても、実際に取り組むところまで到達できる方はわずか。

この本では、ＤＢＴの主要なポイントの大半をカバーしつつ、実際に取り組みやすいように具体的に紹介しているので、感情のコントロールが難しいと感じる多くの方に役立てていただけると思います。

ＤＢＴでこんなスキルが身につきます

ＤＢＴで身につけていくのは、大きく分けて４種類のスキル。

①マインドフルネススキル

「今この瞬間」に意識を集中させ、感情をコントロールしやすくするためのスキル。

②対人関係保持スキル
対人関係で感情を不安定にさせないようにし、人間関係をうまく維持するためのスキル。

③感情調節スキル
傷つきやすさやつらい感情を減らすためのスキル。

④苦悩耐性スキル
短期間の苦悩、長期間の苦悩に耐えるためのスキル。

これらのスキルはそれぞれ、いくつもの細かいスキルで構成されています。「今の苦しい気持ちをどうにかしたい」ときに使えるスキルから、「対人関係がうまくいかない」「ネガティブ思考をやめたい」といった悩みに対処するスキルまで、その内容はさまざま。

そのなかから、日常生活でよくある悩みを解消するために役立つスキルを、「30の行動リスト」として紹介します。

全部いっぺんに身につけようとする必要はありません。まずは自分の悩みに合うものや興味のあるものから実践してみてください。

頭で理解するだけでなく行動に移すことがとても大切。すぐに完ぺきに身につくものではありませんが、日常で気軽に試せて、自身の変化も感じやすいので、前向きに続けることができると思います。何度もやるうちに習慣化し、自然とスキルを使えるようになっていきます。

「感情に振り回されて生きづらい自分」から「感情をコントロールしてうまく生きられる自分」へ。

続ければ続けるほど磨かれる「一生もののスキル」は、あなたの心を守り、人生をより豊かにしてくれるはずです。

CHAPTER 1

マインドフルネス

CHAPTER 2

対人関係保持

CHAPTER 3

感情調節

CHAPTER 4

苦悩耐性

CHAPTER
1

マインドフルネス

マインドフルネス
スキル

1

イヤな気持ちになったら20秒の現場観察を

（こんな悩みを解消）——イヤなことがあるとネガティブな想像が止まらない①

たとえば、恋人がほかの人と親しそうに話している場面に遭遇してしまったとき。「ただの同僚」「ただの友だち」と頭ではわかっていても、恋人が楽しそうにしていればいるほど不快な感情が湧きあがってきます。

「私との会話はいつもそっけないのに！」と怒りが湧いてきたり、「もしかしてあの人のことが気になっているのかな……？」と不安に駆られたり。本当は気をもむ必要なんてない状況なのに、ネガティブな想像をどんどんふくらませて自分を追い詰めてしまってはいませんか。

そんなときに使いたいのが、「マインドフルネス」スキル。ここ数年で浸透してきた言葉なので、聞いたことがある人もいるのではないでしょうか？

マインドフルネスとは、**「今この瞬間」を生きること。**今に注意を向けることで、感情に振り回されるのではなく、**自分で自分の感情をコントロールしやすくなります。**

もともとは仏教の瞑想から派生し、現在では科学的根拠にもとづいた心理療法として医療現場でも使われています。弁証法的行動療法（DBT）でも、すべての基本となる重要なスキルです。

なぜ、今に注意を向けると、感情をコントロールしやすくなるのでしょうか。

強い感情は、自分の内面から発せられる警告のようなもの。そこに意識が向いてしまうのは当然のことですが、感情に飲み込まれて冷静さを失い、今起きていることに注意を払えなくなると、自分の思考が偏っていることに気づけないまま。

恋人の様子をきちんと見ていれば、あの人だけが特別なのではなく、みんなに同じように快く接する人だと気づけるかもしれません。自分との会話がそっけなく感じるのは、あなたには気をつかわず、心を開いているからかもしれません。

今起きていることに注意を向けることで、**自分の思考や思い込みに疑問をもったりストップをかけたりする機会が増えるのです。**いわば、感情をコントロールするためのハンドルやブレーキを手に入れるイメージ。

イヤな気持ちになったら、まずは自分が体験していることを「観察」します。ふたりが話している光景、恋人の笑顔、早くなる自分の心臓、こみあげる不快な気持ち……。感情に飲み込まれる前に、今の感情を観察してしまいましょう。悪い想像をするのはやめて、最低でも20秒、今この瞬間の体験に注意を向けます。

……と言われても難しいですよね。急にできるものではありません。だからこそ、強い感情に振り回されそうになったら、何度も観察するくせをつけます。「20秒観察」というキーワードを思い出すだけでも少し冷静になれると思います。

マインドフルネススキルを身につけるには、まず自分の心の状態を「把握」する練習から。体験を観察する行為は、心の状態を把握するための1ステップ目。余裕があれば、次に紹介する2〜3ステップ目とセットでおこなってみてください。

マインドフルネススキル

2

自分の気持ちを実況中継する

（こんな悩みを解消）
——イヤなことがあるとネガティブな想像が止まらない②

イヤな気持ちになったら、自分の体験を20秒観察する。これができたら次のステップは「描写」。**今なにが起きているのか、自分のなかでどんな感情が湧きあがっているのか、自分自身に説明するイメージで実況中継してみましょう。**

「○○さんと楽しそうに話す△△を見て、腹の底から怒りが湧きあがってきた」
「悲しみがじわじわ広がって涙があふれてきた」
「○○さんに嫉妬している自分に気づいた」

こんな感じで言葉にします。頭に思い浮かべても、口に出してもかまいません。

このとき注意したいのが、**思い込みを混在させないこと。**

たとえば「○○さんと楽しそうに話す△△を見て、もう私を好きじゃないんだと思った」という実況中継は要注意。「もう私を好きじゃない」というのはただの思い込みで、事実かどうかわかりません。思い込みを言葉にすると、脳がその言葉を本当のことだと思ってしまい、感情の乱れが増してしまいます。

体験を言葉にしてみて初めて、自分の思い込みに気づけることもあります。そんなときは、思い込みの部分を省いてもう　度言葉にしてみましょう。

自分の心の状態を把握する1ステップ目が「観察」、2ステップ目が「描写」とお伝えしました。この2つは具体的にどう違うのでしょうか。

「観察」は、自分の体験に気づくことと、注意を向けること。ただ感じるだけで、言葉にする必要はありません。一方で「描写」は、観察したことを言葉や思考を用いて表現すること。この違いを理解すると、よりうまく「観察」「描写」ができるようになります。

そして3ステップ目は「関与」。専門的には「自分の体験に入り込んでいく」という意味なのですが、ちょっとわかりにくいですよね。クリニックの患者さんからも「関与がいちばん難しい」とよく言われます。

言い換えるなら、「観察」「描写」した体験とじっくり向き合うということ。自分の感情を押しころさず、否定せず、**「今、私は怒りを感じていい」「間違っていない」と認めてあげることが大切です。**

イヤな気持ちを長く引きずってしまう人は、どこかで「私がこんな気持ちになるなんて間違っている」「ほかの人はこんな気持ちにはならないはず」と思い込んでいる可能性が。でも感情に正解・不正解はありません。あなたの感情は適切です！　自分が感じたことにウソをつかなくていいのです。

「観察」（体験に注意を向ける）、**「描写」（実況中継する）**、**「関与」（じっくり向き合う）**。これが、自分の心の状態を把握する3ステップ。感情をコントロールするための土台になるので、ぜひ覚えておいてください。

でもあんなに楽しそう…
私という彼女がいるのに…
私、今すごく怒っている…
悲しい…
じー
あっ羊子ちゃん
経費のことを猫子さんに聞いてたんだ
お昼行こうか
いつものマキオくん…

マインドフルネス
スキル

3

最悪と最高のシナリオをつくる

（こんな悩みを解消）

相手の気持ちがわからなくて不安になる

今日は恋人が仕事帰りに家に寄ってくれる予定の日。でも、約束の時間を過ぎても一向に連絡がきません。「まだ仕事中？」とLINEしてみたけれど、未読のまま……。不安はどんどんふくらんで、ついには「まさか浮気してる!?」と最悪な想像をして自分を追い込んでしまう。相手への恋愛感情や独占欲が強いほど、よく陥ってしまう状況ではないでしょうか。

マインドフルネスで大切なことのひとつに、**「断定しない」**というものがあります。断定とは、いい／悪い、素晴らしい／ひどい、すべき／すべきでない……など、物事を評価すること。**事実と評価を切り離すことが、モヤモヤを止めるカギになります。**

「恋人から連絡がこない」は事実。
「連絡をくれないなんてひどい」「浮気している」は断定。

自分が断定していることに気づいたら、原因となっている物事を断定せずに描写するようにしましょう。「19時に△△に送ったLINEは、今20時の時点で未読、返信がない」のように、できるだけ詳細に。

断定すると脳はそれが本当のことだと思ってしまいますから、まずはどれが事実なのかを脳にきちんと教えてあげて、モヤモヤを和らげます。

それだけではモヤモヤが解消されないとき、試してみてほしいのが「最悪と最高のシナリオをつくる」こと。

「まさか浮気してる⁉」という最悪のシナリオに対し、最高のシナリオも考えてみてください。「私の誕生日プレゼントを選びに行ったのかも！」「どんなプロポーズをすればいいか先輩に相談しているのかも！」など、そうだったら許すし、むしろ嬉しい！　と思えるシナリオがベスト。

そのうえで、最後に現実的なシナリオを考えます。「急な仕事が入ってスマホを見ている時間がないのかも」など。

考えた3つのシナリオを見比べてみると、**最悪と最高のシナリオがいかに極端であるかに気づけると思います。**現実的なシナリオの可能性も受け入れ、「悪く考えちゃったな」「もっとあの人を信用しよう」と思えるようになれば、もう大丈夫。

最悪と最高のシナリオを考える方法は、認知行動療法という心理療法の代表的な技法「認知再構成」がベースとなっています。自分のネガティブな思考に気づき、ものの見方を変え、感情を変えていく方法です。

このようにDBTでは、より効果が期待できるように、ほかの心理療法のスキルを組み合わせてトレーニングをすることもあります。

マキオくん全然返事がこない
浮気
まさか浮気!?
いや
浮気
プレゼント
きっと私の誕生日プレゼント選んでるんだ
でも最近仕事が忙しいって言ってたしな
浮気
プレゼント
仕事
冷静に考えたらそれか
な〜んだ
ごめーん
ずっと自分のしっぽをぐるぐる追いかけてた
ズコー

マインドフルネススキル

4

食事中にスマホをいじらない

（こんな悩みを解消）

――過去のモヤモヤや未来の不安をつい考えてしまう

過去に友だちに言われて傷ついた言葉を思い出したり、将来のことを悪く想像して不安になったり……。突然イヤな気持ちに襲われて、いてもたってもいられなくなること、ありますよね。

人は現在を生きていながら、ふとした瞬間に過去や未来へタイムトラベルをしてしまう生きもの。楽しいことだけを考えていられればいいのですが、ついネガティブな過去や未来を考えて、自分で自分を苦しめてしまうことがよくあります。

ついネガティブな過去や未来に思いを馳せてしまう人は、**「ひとつのことだけに集中する」**ことを意識してみましょう。これも、マインドフルネスを実践するうえで大切なことのひとつ。

食事中は食べることだけ、入浴中は体や髪を洗うことだけ、掃除中は掃除機や雑巾をかけることだけに集中して、**今この瞬間の感覚に注意深くなるのです。**

スマホを見ながらごはんを食べたり、お風呂に入ったりする習慣があるなら、一度スマホを手放してみてください。SNSや動画から入ってくる情報がきっかけとなって、イヤな気持ちを引き起こしてしまうことも多いです。

たとえば、ひとりで食事中にモヤモヤに襲われたら、スマホやテレビはいったんやめて、目の前の食事に意識を向けましょう。お箸でおかずをひとつつかみ、まずはその感触や香りを確かめます。ひと口ずつ口に入れたら、ゆっくり噛み締めながら味や歯触りを楽しみます。

途中で気が散ってもかまいません。別のことを考えていることに気づいたら、何度でも今に戻ってきて集中し直せば大丈夫。

私たちは、体験を無意識にフィルターにかけています。今この瞬間の体験が、自分の過去や未来にとってどんな意味があるのかを判断し、自分へのインパクトの大きさによって取捨選択しているのです。自分にとっては忘れられない出来事が、ほかの人にとっては些細な出来事だった、ということはよくありますよね。

マインドフルネスでは、**できるだけそのフィルターを外して、今この瞬間に起きていることに集中する**ことがポイントになります。

最初はちょっと難しく感じるかもしれませんが、何度もやってみて慣れることがマインドフルネスへの近道。ぜひ今日から「マインドフルネスごはん」や「マインドフルネスお風呂」にトライしてみてください。

この「ひとつのことだけに集中する」スキルが身につけば、過去のモヤモヤや未来の不安に振り回されにくくなります。**イヤな気持ちになったときは、いつでもどこでも「今この瞬間」に戻ってくることができる**のですから。

ああ〜
嫌な記憶
過去の失言
不安
イライラ
ダメよ…
今は食べることに集中…
パク
パク
これは甘くてシャキシャキ…
これは辛くて舌が…
私、辛いの苦手だったー！

マインドフルネス
スキル
5

白黒つけず、グレーのままにする

（こんな悩みを解消）

返信が遅い友だちにモヤモヤする

友だちとLINEをしていて、やりとりが途切れてしまったとき。「お風呂に入ったのかな?」「寝ちゃったかな?」と思いながら返信を待っている間、何気なくSNSを開いたら、その友だちが新しい投稿をアップしていた!

そんなとき、「SNSを更新する暇があるならなんで返信くれないの?」「こっちは待ってるのに!」とモヤモヤしてしまう気持ち、わかります。怒りに任せて催促のLINEをしたくなったり、「あの子はいつも返信が遅い」と過去のことを芋づる式に思い返してさらにイライラしたり、「私のこと、大事に思っていないのかな」と勝手に不安になったり……。

もしかしたらそれは、**「LINEはすぐに返信すべき」「友だちが悪くて私は正しい」という思い込みにとらわれているせいかも。**

でも、本当にその友だちが悪いのでしょうか？　もともとマイペースで、相手の返信が遅くても気にしない性格なのかもしれません。時間のあるときに丁寧に返信したいと思っているのかもしれません。落ち着いて考えてみると、自分の価値観がすべての人にあてはまるわけではないことを思い出せると思います。

正しいか間違っているか、公平か不公平か、すべきかすべきではないか。物事に白黒つけたくなるときは、あえてグレーのままにしておきましょう。グレーな状態に自分をさらしてみるのです。キーワードは**「灰色の前でたたずもう」**。

あなたも、友だちとの関係を壊したいとは思っていないはず。そのことを忘れて腹立ち紛れに嫌味を言ったりすれば、友情にヒビが入ってしまうかもしれません。

もし、今後長くつきあっていくためにどうしても譲れないことなのであれば、「私はすぐに返信するタイプだから、返信が遅いとモヤモヤしてしまう。あなたとはずっと友だちでいたいので、あなたの負担にならない範囲で、できるだけ早めに返信がほしい」と手短に自分の気持ちをきちんと伝えることが大事です。その際は、主語を「私」にすることがポイント。相手を主語にすると、「あなたがすぐに返信をくれないから」など、相手を非難するニュアンスの言葉が出てきやすくなるからです。

自分の価値観で物事に白黒つけるのではなく、自分が本当に大切にしたいことを思い出して、そのために必要な言動を選択する。それをＤＢＴでは**「効果的であること」**と表現しています。

自分の心の状態を把握する3ステップ「観察」「描写」「関与」を覚えていますか？　心の状態を把握できたら、次はそれに対処していくことで感情のコントロールを目指します。対処するために大切なのが、今紹介した**「断定しない」「ひとつのことだけに集中する」「効果的であること」**の3つ。なにかあったときにすぐに思い出せるようにスマホなどにメモしておいて、抱えなくていい余計なモヤモヤはすべて手放しましょう。

うさ子から返信こないよ〜
予約したいのに…
でもインスタは
更新してる!
怒りのコメント入れてやる!
ハッ!?
うさ子にはうさ子の
タイミングがあるよね…

マインドフルネス
スキル
6

「これはこれでよかった」と自分に言い聞かせる

（こんな悩みを解消）過去をいつまでも後悔してしまう

これまでの自分を１００％肯定してあげることができたら、私たちはもっとラクに生きられるのかもしれません。でも、実際はなかなか難しいですよね。

仕事でミスをしてしまい「どうしてあのとき確認しなかったんだろう」と悔やんだり、友だちを傷つけるようなことを言ってしまい「どうしてあんなことを言ってしまったんだろう」と自分を責めたり。すでに起きてしまったことを変えるのは無理だとはわかっていても、過去に戻ってやり直したいと願ってしまうものです。

ただ、ここで必要なのは、**現実と戦うことをやめて自分を解放してあげること。**現実を徹底的に受け入れる**「徹底的な受容」**です。

仕事でミスをして上司に叱られた。同僚に迷惑をかけてしまった。そこで心に痛みを感じるのはふつうのこと。でも、その痛みを受け入れず、「あのときちゃんと確認していれば……」と後悔し続けていると、やがて苦悩が生まれます。**苦悩というのは、痛みを受け入れることを拒んだときに生み出されるものなのです。**

先ほど、マインドフルネスでは「断定しない」ことが大切だと言いました。現実と戦うことをやめて徹底的に受け入れるには、**出来事の良し悪しを断定せず、すべて認める**ことがとても重要。そのために、次のような言葉のなかから自分にしっくりくる言葉を選んで言い聞かせましょう。

「これはこれでよかった」
「過去と戦ってもムダ」
「いろんな決断の結果だから仕方ない」

「私がコントロールできるのは今この瞬間だけ」

起きてしまった出来事をいつまでも後悔していると、苦悩から解放されないばかりか、これから対処しなければならないことに意識が向かず新たな問題を引き起こしてしまう可能性も。仕事でのミスを挽回するために次の策を考える、友だちを傷つけてしまったことを素直に謝るなど、**現実で対処しなければならないことに専念するためにも「徹底的な受容」は大切です。**

日頃から「徹底的な受容」の練習をしておくのもおすすめ。レジの行列にイライラせずに並ぶ、ネットニュースを批判的にならないで読むなど、良し悪しを考えずに出来事をただ受け入れるくせをつけておいて、現実と戦ってしまう自分から少しずつ自由になりましょう。

お店の人にその態度はないんじゃない…？
ちくちく
モーしわけございません…
言わなきゃよかったかな…
あのあと気まずくなっちゃった…
いや…言わなきゃいけないことは
言ってよかったと思う…
うん
昨日は言ってくれてありがとう
よかった…

マインドフルネス
スキル
7

自分の呼吸を数える

（こんな悩みを解消）

イヤな気持ちをとにかく和らげたい①

イライラ、モヤモヤ、不安、怒り……。感情に心を支配されてしまったときは、**まず自分の呼吸に意識を向けてみてください。**

自分の呼吸であれば、いつでもどこでもどんな状況でも意識して集中することができます。ひとつのことだけに集中して、心をマインドフルな状態にするうえで、いちばん手近な方法と言えるかもしれません。

マインドフルな呼吸法にはいくつか種類がありますが、ここでは**「呼吸を数える」**方法を紹介します。

①床の上にあぐらをかいて座る、もしくは椅子に座って足を床につけます。
②「1回目を吸っている」と意識しながら、お腹がふくらむように腹式呼吸で息を吸います。
③「1回目を吐いている」と意識しながら、腹式呼吸で息を吐きます。
③自分の呼吸を静かに観察しながら、これを10回繰り返します。
④途中で気が散り、何回目かわからなくなったら、1回目に戻ります。

イヤな気持ちに支配されて苦しいのは、今ある感情や起きてしまった現実を拒んで受け入れていないから。マインドフルな呼吸を通じて「今この瞬間」に集中し、「今この瞬間」の感情や現実を認めて受け入れることで、心が落ち着いてきます。

呼吸をコントロールすることは、感情をコントロールすることにもつながるのです。

呼吸を意識することは、普段の生活のなかでもできます。

たとえば、寝る前の深呼吸。仰向けに寝て、ゆっくり息を吸ってお腹をふくらませていきます。無理のない程度にめいっぱい吸うと、最後は胸がふくらんでお腹がへこんできます。お腹に軽く手をのせながら吸うとわかりやすいですよ。

今度はゆっくり息を吐きます。吸うより吐く時間のほうが長くなるように意識します。これを10回繰り返して、マインドフルな状態のまま眠りにつきましょう。

あとは、友だちと会話をしているときや、パソコンに向かっているとき。長く、静かに、均等に呼吸をしてみましょう。なにかをしながら呼吸を意識するのは難しいですが、「呼吸を意識する」ことに慣れるためにもぜひ挑戦してみてください。

うう…
今日は会社に行きたくないよぉ…
こういうときは呼吸に集中だっけ…？
よいしょ
吸って…
吐く…
なんかちょっと落ち着いた気がする…
きちんと朝ごはん食べよう…

マインドフルネス
スキル
8

五感に全神経を集中させる

（こんな悩みを解消）
イヤな気持ちをとにかく和らげたい②

マインドフルネスでは、呼吸に加えて感覚を意識することも大切。**視覚・聴覚・触覚・味覚・嗅覚の「五感」を研ぎ澄ませ、今この瞬間に生じていることに意識を集中させます。**

いつも感じている感覚、感じ慣れている感覚に対しても注意深くなる。そうすることで、子どもの頃のように新鮮な気持ちで「今」を感じとれるようになります。

おすすめは「触覚」を使ったマインドフルネス。触覚は五感のなかでも新しい感覚を抱きやすく、実感も湧きやすいからです。

お風呂に水をためて足を浸す、ふかふかの毛布の上に横たわる、ペットをなでる……。**体をつたってどんな感覚が届いてくるか、その感覚は時間とともに変化しているか、いつもと違うところはないか、**意識のすべてを集中させて丁寧に感じとりましょう。

アロマをたくなどの「嗅覚」、普段買わないちょっと贅沢なものを食べるなどの「味覚」を使ったマインドフルネスも実践しやすいです。言葉をほとんど必要としないので集中しやすく、言葉がきっかけとなって過去を回想してしまう可能性があまりありません。

その点、「聴覚」を使うときは、楽器演奏のみで歌詞のない音楽や、自然の音を聴くのがおすすめ。「視覚」の場合は、目の前にあるものをただ観察し、分析したり予測したりしないように注意します。

マインドフルネスに慣れないうちは、「雑念」に頭を悩ませるかもしれません。感覚に集中しているつもりが、気づいたら「明日の会議イヤだな」「さっきの投稿、反応がなかったらどうしよう」と心がさまよっていることはよくあります。

そんなときはまず**「今、心がさまよってた！」と気づける**ことが大事。雑念を無理に振り払おうとする必要はなく、いったん流れに身を任せます。そして、自分に順番に言い聞かせてみてください。

「明日の会議がイヤだと思っていることに気づいている」

「とりあえず雑念に身を任せよう」

「感じている毛布の感覚に集中しよう」

「なめらかで気持ちいい肌触りに注意を向けよう」

「私にはできる。大丈夫」

「私は今、なにに触れて、どんなことを感じている？」


そうして少しずつマインドフルな状態に戻ってくるのです。慣れればより早く戻ってこられるようになり、いずれは心をさまよわせることなくマインドフルネスを実践できるようになります。

「今この瞬間」を感じるマインドフルネス。それ自体は、物事をよく観察するためのスキルであり、直接的に感情をコントロールしたり行動を変えたりするものではありません。

でも、マインドフルな状態になれば、**なにか起きたときにとっさに浮かんだ考えを鵜呑みにせず、その物事をただ体験する**ことができます。思い込みで判断したり、感情に任せて行動したりすることが減り、結果的に自分やまわりの人を守ることにつながるのです。

「今この瞬間」の出来事、自分の感覚、自分の感情にマインドフルネスになることは、**自分自身を深く知るということ。**次の章から紹介する「対人関係保持スキル」「感情調節スキル」「苦悩耐性スキル」とあわせて使うことで、自分自身をコントロールする力が高まります。

不快な感情に振り回されてきた自分とはもうお別れ。より豊かな毎日を過ごすための手段として、自分の感情を大切にしていきましょう。

家でできる！
五感を使ったマインドフルネスの例

視覚
・キャンドルに灯した火の揺らめきを見つめる
・きれいな花を飾って見つめる
・グラスに氷と水を入れて、溶けていく様子を観察する
・窓から景色や星を眺める

聴覚
・ジャズ、クラシック、ヒーリングミュージックなど歌詞のない曲を聴く
・波の音、川のせせらぎ、鳥のさえずりなど自然の音を聴く（音楽配信サービス、フリー音源、アプリなどで聴けます）
・窓を開けて外の音に耳を傾ける

触覚
・お風呂に水をためて足を浸す
・ふかふかの毛布の上に横たわる
・額にホットタオルや冷却シートをのせる
・髪をブラシで丁寧にとかす

味覚
・食事をひと口ずつ味わいながら食べる
・普段買わないちょっと贅沢なものを食べる
・あめをなめる、ガムを噛む
・温かい飲みものを飲む

嗅覚
・アロマをたく
・香りのいい柔軟剤で洗濯をする
・花のにおいをかぐ
・パンやお菓子を焼く

参考文献：『弁証法的行動療法実践マニュアル－境界性パーソナリティ障害への新しいアプローチ』（マーシャ・M・リネハン著、小野和哉監訳、金剛出版、2007年）から大幅に改変

あ〜あのとき言われたこと
モヤモヤする…
冷たさが気持ちいい…
だんだん冷たくなくなったな…
慣れてきた？ぬるくなった…？
あっ
あはは しわしわ〜
脚がこんなにふやけちゃった！

マインドフルネススキル 解説

「感情的な心」と「理性的な心」のバランスをとり、「賢い心」へ

イライラやモヤモヤなどの不快な感情にいつも振り回されていると、「こんな気持ちになる私が変なのかな」「いっそ、なにも感じなければラクなのに」と思うこともあるかもしれません。

でも、**感情自体は悪いものでも間違ったものでもありません。**今あなたのなかに湧いている感情は適切だということを、まずは知ってほしいと思います。

強い感情は、思考や行動に影響を及ぼします。恋人とケンカをして怒りがこみあげ、「もう私のことなんか好きじゃないんだ」と思い込んだり、勢いで「別れる!」と言ってしまっ

たり。そのときの心の状態をDBTでは**「感情的な心」**と言います。

一方で、「感情的な心」が役に立つケースもあります。好きな人に振り向いてほしくて自分磨きをがんばったり、上司に褒められたことが嬉しくて仕事によりいっそう力が入ったり。怒りや悔しさがやる気に変わることもありますよね。

本来の自分以上の力を発揮できるときは、「感情的な心」がモチベーションになっていることが多いもの。ある程度の「感情的な心」は人生に必要なのです。

「感情的な心」の対になるのが**「理性的な心」**。物事を論理的に計画し、評価する、冷静な心です。仕事や家事をするとき、問題を解決しようとするとき、私たちは「理性的な心」を働かせています。

気分がいいときは簡単に働かせることのできる「理性的な心」ですが、そうでないときは難しく、代わりに「感情的な心」が強く働きます。

2つの心のバランスをとり、統合し、**「賢い心」**に到達する。その手段となるのが、これまで紹介してきたマインドフルネススキルです。**今この瞬間の感情に意識を集中させせな**

がら、冷静に把握・対処していくことで、「感情的な心」と「理性的な心」がちょうどいいバランスで共存する「賢い心」の状態にもっていきます。

「賢い心」は本来、誰もがもっているもの。また、つねに「賢い心」の状態をキープできている人はいません。大小の差はあれど、みんな2つの心の間で揺らいでいます。だから感情が不安定でも心配はいりません。マインドフルネススキルを身につければ、**「賢い心」に到達して心を安定させることができるのです。**

マインドフルネスを実践するたびに、新しい発見があるでしょう。普段は気にとめていなかったものが見えてきたり、自分の感情の傾向に気づいたり。

つまりマインドフルネスとは、**世の中や自分自身を深く知ること**でもあります。慌ただしい日常に生きる私たちは、些細な発見に驚いたり喜んだりしていた子どもの頃の自分をつい忘れてしまいますが、マインドフルネスを通じてあの頃の感覚を取り戻すことができます。

そう考えるとちょっとワクワクしてきませんか？

あまり難しく考えず、純粋に楽しみながらトライしてみることが、マインドフルネスをマスターする秘訣です。

マインドフルネススキルを復習しよう

【把握スキル】

自分の心の状態を把握するためのスキル

観察

感情が揺さぶられる体験をしたとき、その体験（目の前の状況、出来事、感情、体の感覚など）をただ観察する。最低でも20秒。

描写

観察した体験を自分に実況中継するつもりで、言葉に置き換えて説明する。思い込みは混在させない。

関与

観察・描写した体験とじっくり向き合い、入り込んでいく。自分の感情を否定せず認めてあげることが大切。

【対処スキル】

把握した心の状態に対処するためのスキル

断定しない

いい／悪い、素晴らしい／ひどい、すべき／すべきでないなど、物事を評価しない。

ひとつのことだけに集中する

その瞬間の、一つひとつのことに全集中力を注ぐ。

効果的であること

正しい／間違っている、公平／不公平、すべき／すべきでないなどの考えは置いておいて、その状況で必要とされていることをする。

参考文献：『弁証法的行動療法実践マニュアル－境界性パーソナリティ障害への新しいアプローチ』（マーシャ・M・リネハン著、小野和哉監訳、金剛出版、2007年）から大幅に改変

マインドフルネススキルを磨くためのキーワード

“ONE MIND”
ひとつの心

One thing（ひとつのこと）
ひとつのことに集中する。

Now（現在）
過去や未来ではなく、現在に意識を向ける。

Environment（環境）
そこで起きていることに意識を向ける。

Moment（瞬間）
その瞬間の体験に意識を向ける。

Increase senses（感覚を高める）
視覚・聴覚・触覚・味覚・嗅覚を研ぎ澄ませる。

Non-judgmental（断定しない）
善悪や正誤で物事を評価しない。

Describe（描写する）
体験を言葉や思考で表現する。

参考文献：『うつと不安のマインドフルネス・セルフヘルプブック－人生を積極的に生きるための DBT（弁証法的行動療法）入門』（トーマス・マーラ著、永田利彦監訳、坂本律訳、明石書店、2011 年）

CHAPTER 2

対人関係保持

対人関係保持
スキル

1

店員さんに商品を探してもらう

（こんな悩みを解消）――人に頼みごとができず抱え込んでしまう

今夜は、ずっと前から楽しみにしていたイベント。絶対に定時であがれるように、今日の分の仕事は早めに終わらせて準備万全！

ところが、なぜかそんなときに限って急な仕事が舞い込んでくることがあります。退勤間際になって上司から雑用を頼まれたり、取引先から「今すぐ資料を探して送ってほしい」と電話がかかってきたり……。もし同じ状況に陥ったら、あなたはどうしますか？

同僚に代わりに対応してもらって予定どおり退勤すれば、イベントには間に合うのに、申し訳なくてどうしても頼めない。そんな心優しいあなたは、泣く泣くイベントを諦めて残業することを選ぶかもしれませんね。

頼みごとが苦手な人は、**心のどこかで「自分なんかが人にお願いをしてはいけない」「こんなことをお願いしたら嫌われてしまう」と思い込んでいる**ケースがあります。

でも、本当にそうでしょうか？

となりの席の同僚から「今日は大事な用事があって、どうしても定時にあがりたいんです。申し訳ないのですが、代わりに対応していただけませんか？　○○さんが定時にあがりたいときは私が代わりますから！」と言われたとして、少しくらい「面倒くさいな～」とは思っても、「イヤな人だな！」とまでは思わないのではないでしょうか。普段から周囲に仕事を押しつけているなら疎まれるかもしれませんが、頼みごとが苦手なあなたはむしろ、人からの頼まれごとをよく引き受けてあげているのでは？　そんなあなたに好印象を抱いている人、感謝している人は多いと思います。

もし間違った思い込みがあるようなら、**まずはその思い込みを修正することから。**

「人に頼みごとをするのはふつうのこと」

「頼みごとをしてもしなくても、私はいい人」

「もし断られても、相手に嫌われているわけじゃない」

と自分に言ってあげましょう。

DBTではこれを**「応援メッセージ」**と呼んでいます。自分を肯定するメッセージを、きちんと言葉にして自分自身に贈ることで、脳はその言葉を本当にそうだと思ってくれるものなのです。


頼み上手になるための練習としておすすめしたいのは、スーパーやドラッグストアで店員さんに商品を探してもらうこと。忙しそうだから申し訳ないと思ってしまう気持ちをグッとこらえて、「○○を探しているんですが、どこにありますか？」と聞いてみましょう。

店員さんはきっと快く教えてくれます。ときにはそっけなく返されることもあるかもしれませんが、商品がある場所まで連れていってくれたり、丁寧な笑顔を向けてくれたり、商品がないときは心から申し訳なさそうにしたり、こちらの想像以上の対応をしてくれることもあるでしょう。

そういう**「自分の頼みごとを聞いてもらった」という小さな成功体験を積んでいくことで、人に頼みごとをするときの心のハードルを少しずつ下げていく**のです。

ほかにも、コンビニで百円くらいの商品を千円札で買う、自分に似合う服を店員さんに選んでもらう、同僚やクラスメイトにペンを借りる、友だちと出かけたときに用事につきあってもらう、などいろんな練習方法があります。できそうなものから試してみてくださいね。

人になにかを頼みたいけれど、頼んでいいかどうか迷ってしまう。そんな場面に遭遇したときのために、チェックリストを用意しました。

9個の質問に「はい」「いいえ」で答えて、「いいえ」より「はい」の数が多かったら、心置きなく頼んでみましょう。

いい対人関係を築くためのコツは、**相手の望みを尊重しながら、自分の望みを主張すること。**そのバランスをとれる人こそが、自分の望みをうまく聞いてもらいつつ相手との関係もキープできる、真の頼み上手です。

頼む？　頼まない？　チェックリスト

「いいえ」より**「はい」の数が多かったら**ゴーサイン。頼みごとをしましょう。

Q1　相手には、私の頼みごとに応じる能力がありますか？

例：職場で休暇をとりたい場合。お願いしようとしている上司は、私の休暇取得を判断できる立場にある？

Q2　相手に頼みごとをするのに適したタイミングですか？

例：私が休んでも仕事に支障は出ない？

Q3　相手は、私の頼みごとに応じる準備ができていますか？

例：今、手があいている？

Q4　相手は、私の頼みごとに関係がありますか？

例：私の仕事状況を把握している？

Q5　私には、その相手に頼みごとをする道徳的・法律的な権利がありますか？

例：有給休暇の付与条件・申請条件を満たしている？

Q6　相手と私の関係性は、頼みごとをするのに適していますか？

例：普段からまじめに働いて信頼を得ている？

Q7　私の頼みごとは、これまで相手にしてあげたことに比べて、簡単または少ないですか？

例：部署に仕事で貢献している？

Q8　私の頼みごとは、長期的な視点で考えても大切なことですか？

例：疲れを回復させて仕事をよりがんばるための休暇？

Q9　私は、頼みごとをするのに適した態度や言葉づかいができますか？

例：上司が快く応じてくれそうなコミュニケーションがとれる？

参考文献：『弁証法的行動療法実践マニュアル－境界性パーソナリティ障害への新しいアプローチ』（マーシャ・M・リネハン著、小野和哉監訳、金剛出版、2007年）から大幅に改変

資料を
今すぐにですか？
19時から
楽しみにしてた
ライブが…
私なんかの
仕事…
頼んでいいのかな…
あ、あの〜…
実は…
こないだあたしの仕事も
手伝ってくれたじゃない
代わりに
やっとくわよ

対人関係保持
スキル
2

友だちの会話を遮る

（こんな悩みを解消）
人からの誘いを断れず自分の時間がとれない

「今日飲みに行かない？」「週末買いものにつきあって」と友だちに誘われたあなた。本心では「今日は疲れてるんだよな……」「週末は家にこもって海外ドラマを観るつもりだったんだけど……」と乗り気でないにもかかわらず、どうしても断れなくてＯＫしてしまう、なんてことはありませんか？

おかげで自分の時間がなくなり、疲れもストレスもたまってしまう。そんな生活を続けていたら、心身の健康が損なわれてしまいます。

断ることが苦手な人は、頼みごとが苦手な人と同じように**「自分なんかが断ってはいけない」「断ったら嫌われてしまう」という思い込み**があることが多いです。

でも、そんなことはありません。あなたが友だちを飲みに誘って「ごめん、今日は疲れてるんだ」と断られたとしたら、その友だちのことを嫌いになるでしょうか？

一緒に飲みに行けず残念な気持ちにはなっても、友だちを責めることはないと思います。もし、疲れているのに無理をして来てくれたとしたら、嬉しいどころか「無理をさせて申し訳ない」「どうして言ってくれなかったの」と思うのではないでしょうか。

誘いを断ったことに対して文句を言ってきたり、まわりに陰口を言ったりするような友だちだったら、その友人関係はあなたにとって本当に必要なのかどうか、考え直してもよさそうです。

「断ってはいけない」という思い込みがある場合は、**自分への応援メッセージで修正していきましょう。**

「人からの誘いやお願いは断ってもいい」

「もし断っても、相手は私を嫌いにならない」

「もし断っても、私が身勝手な人になるわけじゃない」


そして、うまく断れるようになるための練習をしましょう。

カフェで友だちとおしゃべりしているとき、友だちの話をいったん遮って「飲みものおかわりする？」と聞いてみる。これだけでも断るトレーニングになるんです。

最初はちょっと勇気がいるかもしれませんが、やってみたら意外と簡単。相手もとくに気にせず、イヤな顔をしたり怒ったりすることもないと思います。

ほかには、友だちからおかわりをすすめられたら断る、店員さんにおすすめのメニューを聞いたうえで別のものを注文する、などもいい練習になります。こうした経験を積み重ね、**「断っても大丈夫」「断っても嫌われない」ということを身をもって体験していきましょう。**


感情のコントロールが苦手な人は、「頼む」「断る」ことも苦手な傾向にあります。そのせいで対人関係に葛藤が生まれ、さらに感情が乱れてしまうという悪循環に陥ります。

いい対人関係を築くためのコツは、相手の望みを尊重しながら、自分の望みを主張すること、と言いました。


飲みの誘いを断りたいときは、「ごめん、今日は疲れてるんだ。今週で仕事が落ち着きそうだから、来週はどう?」とつけ加えてみる。取引先から無理な要望が来たときは、「申し訳ありません、そのご要望にはお応えしかねます。ただ、○○という方法でしたらご期待に添えると思うのですが、いかがでしょうか?」と代替案を提案してみる。

「断る」+「相手の望みにも配慮する」ことを意識すると、自分に負担をかけず角も立たない、よりよいコミュニケーションになりますよ。

断る？　断らない？　チェックリスト

「はい」より**「いいえ」の数が多かったら**ゴーサイン。断りましょう。

Q1　私には、相手の頼みごとに応じる能力がありますか？

例：「家に泊めて」という友だちの急な頼みを断りたい場合。
人を泊められる環境（部屋や寝具）がある？

Q2　相手の頼みごとを断るのに不適切なタイミングですか？

例：私が泊めなければ、友だちは困る？

Q3　相手の頼みごとは明確ですか？

例：何時から何泊する？　泊まりたい理由は？

Q4　相手は、私に頼みごとをする権限をもっていますか？

例：「いつでも家に泊まっていい」と友だちに約束した？

Q5　私が断ったら、相手の道徳的・法律的な権利が侵害されますか？

例：行く場所がないという事情がある？

Q6　相手の頼みごとは適切ですか？

例：事前に相談してくれた？

Q7　相手は、いつも私によくしてくれていますか？

例：友だちの家に急に泊めてもらったことがある？

Q8　私が断ったら、長期的な視点で考えて支障がありますか？

例：長期的な人間関係に影響が出る？

Q9　私の「賢い心」は、相手の頼みごとに応じていいと言っていますか？

例：自分の気持ちを冷静に考えたうえで「泊めてもいい」と思える？

参考文献：『弁証法的行動療法実践マニュアル－境界性パーソナリティ障害への新しいアプローチ』（マーシャ・M・リネハン著、小野和哉監訳、金剛出版、2007年）から大幅に改変

また飲み会 断れなかった…
資格の勉強しようと 思ってたのに…
羊子ちゃん 今日も飲み会 行くよね?
行くでしょ
あ…きょ… 今日は…
今日は 行けないんだ…
あらそう じゃまた誘うわね
ホッ…

対人関係保持スキル

3

「察してちゃん」は今すぐ卒業して「伝え上手ちゃん」に

（こんな悩みを解消）自分の気持ちをわかってもらえずモヤモヤする

自分の気持ちを言葉にしなくても、あの人は察してくれるはず。そう考えて相手に過度の期待をしてしまうことがあります。いつからか「察してちゃん」という呼び名も一般的になりましたね。

恋人や親友、家族など、相手が近い関係であればあるほど「察してちゃん」は顔を出します。でも、どれだけいつも一緒にいても、どれだけつきあいが長くても、**他人の心を読みとることは誰にもできません。**そのことを忘れて、察してくれることをつい期待してしまうと、相手が自分の望みどおりの言動をしてくれなかったときに「どうして私の気持ちをわかってくれないの」とモヤモヤするのです。

仕事がうまくいかなくて落ち込んでいるのに、連絡をくれないあの人。早く家に帰って資格の勉強をしたいのに、飲みに誘ってくるあの子。

「どうしてわかってくれないの」と思っている自分に気づいたら、一度落ち着いて、自分に問いかけてみましょう。

「私は相手になにをしてほしいの？」「それをきちんと言葉にして伝えた？」

言葉にして伝えていない、もしくは伝え方が不十分で相手が理解していないようなら、**「自分の気持ち」「してほしいこと」「その理由」を簡潔に伝えます。**悪い例といい例を比べてみてください。

【悪い例】

「『仕事がうまくいかなかった』とLINEしたのに、どうして電話をくれないの？　私のことなんかどうでもいいの？」

「仕事がうまくいかなかった」と伝えるだけでは、相手は自分がなにを求められているのかわかりません。また、「あなたが○○してくれない」「あなたは○○すべき」ではなく「私は○○してほしい」と、**「私」を主語にして望みを伝える**ことも重要。「私のことなんかどうでもいい」は思い込みなので、言わないようにします。

【いい例】

「仕事がうまくいかなくて落ち込んでいるから、5分でいいので電話してほしい。あなたに話を聞いてもらえたら元気が出ると思うから」

「自分の気持ち」「してほしいこと」「その理由」が簡潔に伝わり、**相手は自分がなにをすればいいのかすぐに理解できます。**

意外と多いのが、相手になにをしてほしいのか自分でもよくわかっていないケース。自分でもわからないことを相手に要求するというのは、どんな髪型にしたいかまったくわからないまま美容室に行くようなものです。

今どんな気持ちで、なにを求めているのか、自分の感情にマインドフルになって感じとりましょう。マインドフルネスは、対人関係のなかで自分の望みを叶えていく際にも役立つスキルです。

「察してちゃん」はもう卒業。

してほしいことは素直に伝える。それが、相手と長くいい関係を築くための秘訣です。

対人関係保持スキル

4

悩みのタネの張本人に解決法を考えてもらう

チームメンバーが仕事をしてくれない（こんな悩みを解消）

仕事やサークル活動など、チームで協力してなにかに取り組むとき。全員が同じくらいのパフォーマンスを発揮していれば問題ありませんが、なかには自分の役割をまっとうせず、チームの足を引っ張る困った人もいます。

「みんなこんなにがんばっているのに」「あの人のせいで間に合わなかったらどうしよう」とやきもきするのは、まじめにやっている人だけ。どうすればサボっている当の本人を動かすことができるのでしょうか。

こちらから細かく指示を出して、そのとおりに動いてもらう？

ガツンと叱ってお尻をたたく？

どちらの方法も効果的な解決策とは言えません。相手に自主的に動いてもらわなければ、指示する側、叱る側の手間が増えて疲弊する一方です。無理やり動かそうとしていることが相手に伝わり、さらに反発される可能性も。

そんなときは、自分で問題を解決しようとしないこと。悩みのタネである張本人に解決法を考えてもらうことをおすすめします。

もちろん、「あなたのせいなんだから自分で考えてよ！」と丸投げするわけではありません。ポイントは、**今の状況を具体的に説明して、相手に「自分がすべきこと」をリアルにイメージさせること。**

「イベント開催まであと2週間。この日までに○○、この日までに○○を、チーム5人で分担して終わらせる必要があるが、今のままでは終わりそうにない。開催に間に合わせるために、あなたはどうすればいいと思う？」という感じ。

相手に考えるきっかけを与えることで、自主的な行動を促す方法です。

相手が役割をまっとうすることでどんないい結果がもたらされるか、どんなご褒美があるかを示すこともおすすめ。「あなたがこの仕事を終わらせたら、イベントは無事に開催できて、〇円の利益が出る見込み」「部長があなたに期待していたから、イベントが成功したら喜んでくれるはず」「チームの評価が上がって賞与に反映される」など。「あなたがやらないとこうなる」と脅すよりも、相手をいい気分にさせてやる気を引き出すほうが得策だと思いますが、もし必要であれば「あなたがやらないとこうなる」という悪い結果を見せてもいいでしょう。

あるいは、仕事にまじめに取り組まない本当の理由は、自分の役割に納得がいっていないからかもしれません。相手にもなにか要望があるのかもしれません。役割分担の代替案を提示したり、要望に耳を傾けたり、**「交渉」によってお互いの望みに折り合いをつける**ことも、ときには大切です。

他人を動かしたいときは、無理やり動かそうとせず、**どうやって自主的に動いてもらう**

かを考える。まわり道のように見えて実は、自分が望む結果を得るためのいちばんの近道と言えます。

対人関係保持スキル

5

相手が攻撃してきたら「心の声を無限リピート」

（こんな悩みを解消）――友だちがマウントをとってくる

わざとなのか悪気がないのか、こちらがムッとするようなことをわざわざ言ってくる人っていますよね。新しい服を着ていったら「その服、似合ってないね」。メイク動画で覚えたメイクにチャレンジしてみたら「濃すぎない？　もっと勉強したほうがいいよ～」……。

自分のためを思って言ってくれるアドバイスなら聞こうと思えますが、マウントをとるような言い方をされるとモヤモヤしてしまいます。

ついカッとなって言い返すと、何倍も意地悪な言葉が返ってきて余計に傷ついてしまうことも。

人からの攻撃的な言葉や批判的な言葉に対して、とっさに反論してしまったり、どうにかして相手を言い負かしたくなったりする。それは自然なことですが、マウントをとろうとする人と「力比べ」をしてもいいことはありません。**感情に任せて行動してしまえば、その場の状況や相手との関係性を悪化させる可能性があります。**

とくに境界性パーソナリティ障害の患者さんは、人からの攻撃や批判すべてに反応しなければいけないと思い込んでいるケースが多いのですが、そんな必要はまったくありません。

悪意を感じることを言われたら、**「心の声を無限リピート」**しましょう。穏やかな口調で自分の主張を何度も繰り返すのです。

「その服、似合ってないね」と攻撃してきたら、「でもお気に入りなんだ」。「センスなさすぎ〜。私が選んであげようか？」となおも攻撃してきたら、「これ気に入ってるから大丈夫」。

相手の言葉に応じて毎回違うことを言う必要はなく、**ただ同じことをシンプルに言い続けていればOK。**むきにならず、できるだけ穏やかに、柔らかに。

挑発にのってこない人をひたすら挑発し続けることが難しいように、自分の望む反応があなたから返ってこないとわかれば、相手はなにも言わなくなるでしょう。

「心の声を無限リピート」することは、人からの攻撃に黙って耐えたり、受け入れたりすることとは異なります。

DBTでは、自分の望むものを手に入れるための対人関係保持スキルのひとつという位置づけ。自分の心のなかの思いや意見を無限リピートすることで、**自分が大切にしたいことを守りながら相手との関係性も維持していく。**そのためのスキルというわけです。

「イヤなことを言われたらどうしよう」と不安になる必要はもうありません。いつでも「心の声を無限リピート」を思い出してください。

あなたのことを「なにを言っても動じず、自分の大切にしたいことを大切にする人」だと判断したら、友だちはもうあなたをマウントの対象にはしなくなるかもしれません。

もしかすると、あなたのファッションやメイクが素敵だから、悔しくて優位に立とうとしていたのかも？

対人関係保持スキル

6

憧れの人を演じる

（こんな悩みを解消）——緊張して人前でうまく発言できない

会議や打ち合わせ、プレゼンなど、人前で自分の考えを話す機会は多いもの。緊張して頭が真っ白になったり、途中でなにを言いたいかわからなくなったり、そもそも一言も話せなかった……なんて経験もあるかもしれませんね。発言せずに済むなら発言したくないと思っている人もいるのではないでしょうか。

でも、自分の意見を伝えられないと、損することもあります。自分が思い描いていたものとは異なる方向に打ち合わせが進み、納得いかない内容になってしまう。入念にリサーチして企画した案なのに、うまく説明できず却下されてしまう。「いつも意見がないから今回もないよね」と、意見を求められることすらなくなってしまう。

自分の考えをきちんと伝えたうえで別の結果になってしまったのなら、まだ諦めがつくかもしれませんが、そうでないのなら……。

やりたいこと、やりたくないこと、大切にしたいこと、手放したいこと。**自分の心にできるだけ忠実に生きていくために、自分の意見を伝えるスキルを身につける**ことは重要です。

簡潔に話す、論理的に話すなどのトークスキルもある程度は必要ですが、それよりもまず意識したいのが「自信をもつ」こと。言い換えると**「自信をもっているように見せる」**ことです。

自信がないあまり、つい小声になったり、おどおどしたり、うつむきながら話したりしていませんか。自信がなさそうな人の発言は、内容はどうあれ説得力や信憑性に欠けるように感じられ、軽んじられてしまいます。

反対に、「たいしたことは言っていないのに、堂々と話すからなぜかみんな聞き入ってしまう」という人もいますよね。**自信をもっているように見せるだけで耳を傾けてもらえるのです。**

あなたのまわりに、いつも自信に満ちあふれている人はいませんか？　上司でも同僚でも、友だちでも家族でも、会ったことのない芸能人でもかまいません。

「私もこんなふうに話せたらな」と思う人の話し方や態度を観察してみてください。きっと、相手の目をしっかり見ながら、よく通る落ち着いた声で、「たぶん……」「わからないけど……」と曖昧なことは言わずに自分の考えを堂々と言いきっているでしょう。

その話し方や態度を覚えて、人前で話す機会があったときにまねしてみましょう。その人を演じるつもりで。「私は○○さん、私は○○さん」と自分に言い聞かせて臨むのもいいと思います。日頃、友だちと話しているときにも意識してみると、ここぞというときにうまく演じられるようになります。

自信があるように振る舞うと、まわりもあなたに対して「デキる人」「この人の話はちゃんと聞かなきゃ」「この人の考えは尊重しなきゃ」という感覚を抱くようになります。

そしてなにより、あなた自身が**「私はデキる人」「私の話はちゃんと聞いてもらえる」「私の考えは尊重される」**と思えるようになる。その感覚が積み重なれば、見せかけではなく本当の自信を手に入れることができます。

そうなればもう、誰かを演じる必要はありませんね。

対人関係保持スキル 7

「ごめん」を「ありがとう」に変換する

（こんな悩みを解消）恋人や友だちからナメられている気がする

約束をよくドタキャンされる。「だから○○はダメなんだよ」とバカにされる。なぜかイライラされる。

本来、恋人や友だちとの関係は対等のはずですが、どういうわけか上下関係が生まれてしまうことがあります。「自分が上」であると認識した人は、相手の意見や都合をないがしろにしたり、無意識にえらそうな態度をとったりしがち。そういう接し方をされても「イヤ」と言えず、「私はそうされても仕方ない人間だから」とガマンしている人もいると思います。

でも、それは違います。**人間関係に上も下もありません。**誰もが自分自身を尊重していいし、長く良好な関係を築いていくためにはお互いを尊重し合うことが不可欠。

あなたが感じている上下関係は実際に存在するのではなく、なにかがきっかけで生じている錯覚のようなものです。

その錯覚をなくすための第一歩としておすすめしたいのが、**「謝りすぎない」**こと。

なにかしてもらったときや、相手の機嫌が悪いとき、相手と意見が合わなかったとき。つい「ごめん」と言ってしまっていませんか?

人に迷惑をかけたり傷つけたりしてしまったときは素直に謝るべきですが、そうでない場合、過度の謝罪は相手の癇《かん》にさわります。悪いわけではない人から謝られても、いい気はしませんよね。

必要のない謝罪で下手に出ることは、自ら上下関係を演出してしまうということ。それが続くと相手もだんだん勘違いし、横柄な接し方をしてくるようになるのです。

悩みを聞いてもらったとき。自分が使ったカップを片づけてくれたとき。行きたいお店につきあってもらったとき。ちょっとした間違いを指摘されたとき。

「ごめん」と言いそうになるのを制して、**代わりに「ありがとう」と言いましょう。**申し訳なさそうにされるより感謝されるほうが相手も嬉しいと思います。「またなにかしてあげたい」という気持ちもふくらむかもしれません。

対人関係において大切なことは、自分自身を尊敬し続けることができる関係かどうか。つまり、その人と親しくしている自分が好きかどうかです。

いつも人の顔色をうかがって申し訳なさそうにしている自分と、思ったことを堂々と伝えて尊重されている自分、どちらが好きになれるでしょうか。

自分の意見をもつことやそれを主張すること、人の意見に同意しないこと、人になにかを求めること、それらはすべて**「申し訳ないこと」ではありません。**人と人が一緒に生きていくうえで当たり前のこと。それをぜひ心にとめておいてください。

自分に応援メッセージも贈ってあげましょう。

「私は自分の意見をもっていいし、主張していい」
「自分と違う意見に無理に合わせる必要はない」
「誰かになにかしてほしいと思うことは、ふつうのこと」

対人関係保持スキル

8

4つの質問で自分の価値観を思い出す

（こんな悩みを解消）――腐れ縁を断ち切れない

腐れ縁とは、離れようとしても離れられない関係のこと。自分を大切にしてくれなくて何度もつらい思いをしているのに、情が湧いてどうしても離れられない恋人や友だち。あるいは、大人になっても干渉してくる家族、お世話になった社長への恩義でやめるにやめられない会社、なども腐れ縁と言えるかもしれません。

「関係を続けていると苦しい」ということは、**その人とかかわることで自分のなかのなにかが犠牲になっている**、ということです。

大切にしたい価値観や思い、自分は自分であるという尊厳。それらを犠牲にしてまで、本当に続けるべき関係なのでしょうか。

自分の大切にしたい価値観を引き出す質問を4つ紹介します。これは、境界性パーソナリティ障害とは別の疾患の治療で使われる「動機づけ面接法」の技法で、私のクリニックでは価値観を引き出す質問として活用しています。あなたの答えを考えてみてください。

Q1．以前の私は、どんな理想の人生を思い描いていた？
Q2．日頃からいちばん大切にしていることは？
Q3．どんな人間になりたい？
Q4．人生で成し遂げたいことは？

たとえば、こちらの都合を考えず、自分の都合のいいときに呼び出してくる恋人がいたとします。嫌われたくないので呼ばれたら駆けつけ、自分のことはいつもあとまわし。このままでいいのか悩みながらも、ずるずると関係を続けていました。

でも、その恋人とつきあう前は、「国家資格をとって一生好きな仕事をする！」と勉強をがんばっていた私。趣味の時間も削って、それでも夢のためならと前向きに努力していました。それが今では、勉強する時間は恋人にとられ、やる気もすっかり喪失……。

本当にそれでいいのでしょうか？

長期的な視点で人生を考えたとき、今すがっているものは、自分の価値観を犠牲にしてまで守りたいものなのでしょうか。

価値観は、自分がほかの誰でもない自分であることを教えてくれるもの。簡単に捨ててはいけません。**一緒にいてその価値観が守られる関係、お互いに尊重し合える関係**こそが、人生で大切にしたい人間関係だと言えます。

4つの質問の答えはあなたの価値観。それらの阻害要因になるような関係は見直したほうがよさそうです。

自分の価値観と率直な気持ちを相手に伝えて、関係性が変わるかどうか様子を見てもいいかもしれません。その際は、申し訳なさそうにしたり相手の顔色をうかがったりせず、自信をもって。

4つの答えはスマホなどにメモしておいて、いつでも見返せるようにしておきましょう。

対人関係保持スキル

9

小さな成功体験をたくさん書き出して、自分応援団になる

（こんな悩みを解消）自分を卑下してしまう

誰かに褒められたとき、素直に受け入れられず「私なんてまだまだ……」と返していませんか？　まわりの優秀な人やかわいい人と比較されるのが怖くて、自分からピエロを演じてしまうことはありませんか？

ほどよい謙虚さが相手に好印象を与えることもあります。でも、自分を必要以上に卑下することは、自分自身にとっても対人関係においても、いいこととは言えません。そうしたことを続けていると、**自分を価値がある存在だと感じる「自尊心」がどんどん低くなっていきます。**

人からの攻撃的な言葉にただ耐える。「ごめん」と言いすぎる。無理して相手との関係を続ける。こういった行為もまた、自尊心を低下させてしまいます。

人はみんな同じだけ尊く、価値のある存在。社会的地位や外見や性格にかかわらず、**誰もが本来の人としての価値をもっています。**その価値のまわりに長所や短所が存在しているイメージ。みんな長所もあれば短所もあり、完ぺきな人はいません。

短所に目を向けることは確かに大事。でも、自分に価値がないと思うこととは違います。短所を受け入れ、必要以上に卑下せず、失敗しても自分を許しながら、長所にもきちんと目を向けて大切にしていく。それが自尊心を守ることにつながります。

自分でも長所だと思っていたところを誰かに褒められたら嬉しいですよね。素直に喜びや感謝を伝えましょう。**褒められたことを受け入れる＝傲慢ではありません。**

短所だと思っていたところを褒められたら、それは実は短所ではないのかもしれません。捉え方や状況によっても短所は長所になり得ます。新しい気づきを与えてくれたことに素直に喜びましょう。

自分より優秀に思える人、自分よりかわいいと思える人でも、短所はあるし失敗もあります。相手があなたをうらやましいと感じている可能性だってあるのです。

わざと自分を下げてピエロを演じる必要はありません。そんなことをしなくても、**まわりの人たちはあなたの価値を知っています。**

どうしても自分に価値を感じられない人は、自尊心を高めるワークをしましょう。

おすすめは、これまでの成功体験について書き出すこと。どんな目標をもち、どんな壁にぶつかり、どう乗り越えてきたか。大きな目標である必要はなく、まだ達成できていなくてもＯＫ。**小さな成功体験をどれだけ見つけられるか**がポイントです。

たとえば、海外旅行が好きで、現地の人と英語で話したいと思っている場合。

英会話の体験レッスンを受けてみて、全然話せなかったけれどとても楽しかった。

次はもう少し話せるように、たまに英会話の YouTube を観ている。

電車で流れる英語のアナウンスが前より聴きとれた。

海外の人に道を尋ねられたとき、YouTube で知った英語を使ってなんとか説明できた。

小さな成功体験を書き出すと、自分が好きなことや目指していることを再認識できます。そこに向けて少しずつがんばっていること、ときには失敗しながらも前に進んでいることがわかります。目標を達成できたときの自分を想像してみることも大切。笑顔で、自信に満ち、いきいきしている未来の自分。

今の自分は、そんな理想の自分に近づいている途中。そう思ったら、尊重して、応援してあげたい気持ちになりませんか。

もし「卑下する自分」がしつこく現れるようなら、応援メッセージを自分に贈って自尊心を高めていきましょう。自分が普段つい思い浮かべてしまう「卑下ワード」の傾向を知り、それに対応する応援メッセージを用意しておくといいと思います。

応援メッセージの例を挙げておくので、しっくりくる言葉を選ぶ、もしくは自分でアレンジして、「卑下ワード」を思い浮かべてしまったときのお守りにしてくださいね。

自尊心を高めるワーク

自尊心（自分自身を「価値がある」「尊い」と感じること）を日頃から高め、自分を犠牲にするような対人関係やコミュニケーションをなくしていきましょう。

これまでの成功体験を書き出す

・どんな目標を達成してきた？
・どんな壁にぶつかり、どうやって乗り越えてきた？
・目標を達成した自分について、どう感じる？

自分の好きなこと、嫌いなことを明確にする

・夢が叶うとしたら、どんな夢を叶えたい？
・宝くじがあたったら、なにに使う？
・自分の理想の1日は？　誰と、どこで、なにをする？

完ぺきだと感じる人を挙げて、その人の不完全なところを考える

・短所や失敗、問題点はない？

すべての人に共感できる力を養う

・自分とは違う価値観の人に共感するとしたら、どこに共感する？
・飢餓や紛争、災害、病気と闘う人へ共感の言葉を贈るとしたら？

自分のいろいろな側面を自覚する

・役割、特性、特徴、性質、長所は？
（たとえば、自分を「子どもの母親」としか捉えていないと、子育てで壁にぶつかったときに自尊心が低くなってしまう）

自分の体を尊重し、気づかう

・睡眠、食事、運動は十分？
・疲れているのに無理していない？

参考文献：『自尊心を育てるワークブック』（グレン・R・シラルディ著、高山巖監訳、金剛出版、2011年）、『青少年のための自尊心ワークブック』（リサ・M・シャープ著、高橋祥友訳、金剛出版、2017年）から大幅に改変

応援メッセージの例

「私にはいいところがたくさんある」

「短所は私のほんの一部分。全部じゃない」

「確かに私はときどき○○だから、もっと○○になればいい」

「あのとき失敗したからこそ、私は成長できた」

あの案件 私なんかじゃ 荷が重いです…
そんなこと ないよ〜
羊子さんの今までの 仕事を見てきての 判断だから
自分ができること やってきたことを 思い出してごらん
あれ? 私が できること…
サラ サラ
思ってるより たくさんある…?
ボイスパーカッション できるの 思い出しました!
ドゥッパン ドゥドゥッパン
すごいけど…
ちょっと方向が 違うかな〜

対人関係保持
スキル

10

想像上の最強ヘルプチームをつくる

(こんな悩みを解消) 人に悩みを相談できない

悩みごとがあるとき、相談できる人はいますか?

なにからなにまで誰かに相談する必要はありませんが、ひとりで抱え込んでつらい思いをしているときは、人に話して吐き出してしまったほうがラクになれることもあります。

本当は誰かに相談したいのに、できない。

そんな人は、**相談できない理由を考えてみましょう。** あなたがそう考えるようになった背景には、過去の体験や思い込みなど、なにかしらの要因があるのかもしれません。

悩みを相談できない「理由」と「反論」を考えてみよう

悩んでいることを知られるのが恥ずかしい
➡悩みのない人なんていない！

人に助けてもらいたいと思っていることを知られるのが恥ずかしい
➡人に助けてもらうことは恥ずかしいことじゃない！

どうやって相談ごとを切り出せばいいかわからない
➡「相談があるんだけど」とストレートに言えばいい！

相手の重荷になりたくない
➡重荷になるかどうかは相手が決めること！

相手が対応に困ってしまうのではないかと不安
➡ただ話を聞いてくれるだけでいい！

相手に頼りきってしまうのが怖い
➡最終的に解決するのはあくまでも自分！

相談してみてラクにならなかったらもっとつらい
➡ラクにならなかったら別の人に相談してみればいい！

相談しても仕方ないと思っている
➡相談してみないとわからない！

自分ひとりで解決できると思っている
➡自分ひとりで解決できていたら、今こんなに苦しんでいない！

相談できる人がいない
➡○○さんは私の話を聞いてくれる！

相談してみてうまくいかなかったことがある
➡前に相談したときと同じことになるとは限らない！

これまで誰も助けてくれなかった
➡いつもまわりに助けられて生きている！　など

相談できない理由を考えたら、今度は**その理由に自分で反論してみましょう。**家族や親友、恋人など大切な人がいるなら、その人が同じ理由で悩みを打ち明けられないでいた場合、あなたはどう声をかけるかも想像してみてください。

相談できない理由とその反論を考えたら、スマホやノートに書き出します。今すぐにはそう思えなくても、まずは書き出して読み返すことで、思考が少しずつ変わっていきます。

いきなり実際に相談するのはちょっとハードルが高いので、次に試してみてほしいのが「想像上のヘルプチーム」をつくること。

あなたが悩んだとき、困ったとき、落ち込んでいるときに駆けつけて助けてくれる最強の味方を、想像のなかで自由に選抜するのです。

実在する身近な人はもちろん、話したことのない憧れの人、芸能人、アニメやゲームのキャラクター、歴史上の人物などもOK。勝手なイメージでいいので、話しやすそうな人や共感してくれそうな人、解決力がありそうな人をどんどんチームに入れましょう。名前を書き出したり画像を集めたりして、ヘルプチーム表を作るのもいいですね。

つらいとき、彼らがいつでも助けにきてくれる。そう思うと、それだけで心強い気持ちになります。

また、想像のなかで悩みを相談してみてください。あなただけのヘルプチームですから、「助けを求めるなんて情けない」とか「そんなことで悩んでるんだ」と言ってくる人は誰ひとりいません。みんな親身になって相談にのってくれます。

こうしてリアルに想像してみると、実際に相談する際の心のハードルが少しずつ下がっていくのではないでしょうか。

そして最後の一歩。ヘルプチームのなかに身近な人がいるなら、**その人に連絡をして、悩みを相談してもいいか尋ねてみましょう。**「1週間以内」など自分で期限を決めると行動に移しやすいです。

その際のポイントは、**相手にしてほしいことを明確に伝えること。**

「一緒にごはんを食べて、話を聞いてくれるだけでいい」「もし同じ経験をしていたら、そのときのことを教えてほしい」「あなただったらどうするか意見を聞きたい」など、どうしてほしいのかまで伝えることで、相手もより相談に応じやすくなります。

とくに、ただ話を聞いて共感してほしいのか、解決のための意見がほしいのか、どちらなのかをはっきりさせることは大切。ここの認識がずれていると、お互いに食い違い、「思いきって相談したのに……」「せっかく相談にのったのに……」ということになりかねません。

P.68の「頼む？ 頼まない？ チェックリスト」は、誰かに悩みを相談するときにも役立ちます。ぜひ参考にしてみてください。

私のクリニックでは、境界性パーソナリティ障害のほかにもさまざまな精神疾患を診療しています。ここで紹介したスキルは、摂食障害の患者さんに向けたプログラムの一部を、対人関係保持スキルとしてアレンジしたもの。

まわりに助けを求められず、ひとりで苦しんでいる人は多いものです。苦しみが限界に達する前に、どうかまわりの人や私たちを頼ってください。

対人関係保持スキル 解説

自分のことを好きでいられる人間関係を築くために

友だちや恋人に嫌われるのが怖くて、いつも言いなりになってしまう。仕事で評価されるために、職場ではつい自分を大きく見せてしまう。そんなふうに本当の自分にウソをついたまま人間関係を続けていると、どうなってしまうでしょうか。

最初のうちはうまくいっているように感じるかもしれません。でも、相手が見ているのは偽りの自分。本当の自分を隠し続けていれば、「本当の私はこうじゃないのに……」と不満や罪悪感が募り、やがては「本当の私には価値がない」と感じるように。**豊かな人生を生きるために必要な「自尊心」が蝕《むしば》まれてしまうのです。**

境界性パーソナリティ障害の患者さんは、相手との関係が壊れたり、認めてもらえなかったり、嫌われたりすることを恐れて、自分を犠牲にしてしまうことがよくあります。自分を犠牲にすればうまくいくという思い込みのもとで行動してしまうのですが、結果的にうまくいきません。フラストレーションをためすぎて自暴自棄になり自ら関係を絶つ、急に爆発して相手が離れていくなど、極端な行動で結局は人間関係を壊してしまいます。

目の前の関係をよくしようと思うあまり効果的ではない行動に出て、長期的な関係にダメージを与えてしまう。そうしたことを防いで人間関係を深めるためのスキルが、この章で紹介した対人関係保持スキルです。スキルの実践を通じて、次の3つのポイントを達成することを目指します。

「自分の頼みを聞いてもらう」「望まない要求を断る」「誰かになにかをしてもらう」といった、人間関係のなかで生じる**自分の望みを叶えること。**

相手が自分のことを大切にしてくれるような行動をとり、**長期的にいい人間関係を維持すること。**

自分の価値観を大切にし、自分が優秀だと思えるような行動をとって、**自尊心を高めること。**

人間関係にヒビが入るのを恐れて自分の気持ちを主張しないままでいると、相手には軽視され、自分で自分を尊重することもできなくなります。一方、相手の気持ちを考えずに要求ばかりしていると、自分の望みは叶うかもしれませんが、長期的な人間関係を築くのは難しいでしょう。3つのポイントはどれが欠けてもいけません。状況によっては優先順位を考える必要がありますが、3つをバランスよく意識していくことがとても大切なのです。

「人に好かれたい」「認められたい」と思うのは自然なこと。そのためには、まず自分自身との人間関係を見直すところから。自分を犠牲にしたり否定したりすることはやめて、**自分で自分を尊重してあげましょう。**自分の価値観や気持ちや考えから目をそらさず、大切にして、いい人間関係を築きたいと思っている**相手にもきちんと伝えましょう。**

ありのままの自分でいられて、お互いのことを尊重し合える関係が築ければ、自分のことをもっと好きになれるはず。そうすれば自尊心がどんどん高まり、人生が豊かになっていきます。**自分だけでなく相手の人生も**、です。

そんな好循環が生まれる人間関係を目指して、ぜひ日常のなかで対人関係保持スキルを実践してみてください。

良好な人間関係が増えれば、ポジティブな感情も増えていくのです。

対人関係で自分の望みを叶えるためのキーワード

“DEARMAN”

Describe
（描写する）
現在の状況を正確に伝える。

例：今月、おうちデートばかりだよね。

Express
（表現する）
その状況についての自分の気持ちや意見を伝える。

例：たまには出かけたいな。外も暖かくなってきたし。

Assert
（主張する）
自分が望んでいることを頼む、または断る。

例：今週末は、映画を観に行きたい！

Reinforce
（強化する）

自分の望みが叶ったら、
どんないい結果がもたらされるかを伝える。

例：あの新作映画、すごくおもしろいって評判なんだよ。一緒に観られたら嬉しいな。いい映画を観て気分がよくなったら、あなたにももっと優しくできると思う。

stay Mindful
（心の動きに集中する）

自分の姿勢を維持する。「心の声を無限リピート」する。

例：一緒に観たいな。久々にお出かけしたいな。

Appear confident
（自信をもつ）

視線を合わせ、自信に満ちた声のトーンや身振りで伝える。

例：行こう！　あなた好みの映画だと思うよ！

Negotiate
（交渉する）

自分の望みを叶えるためなら、相手の望みも叶える姿勢をもつ。代替案を申し出る。要求を減らす。

例：夜ごはんはあなたが好きなお店で食べようよ。お昼は家でだらだらして、映画は夕方からでもいいよ。

参考文献：『弁証法的行動療法実践マニュアル－境界性パーソナリティ障害への新しいアプローチ』（マーシャ・M・リネハン著、小野和哉監訳、金剛出版、2007年）より大幅に改変

自分を大切にしながら 対人関係を築くためのキーワード

“FAST”

be Fair
（公正であれ）

自分にも他人にも公正であること。
他人を利用するなどしない。

no Apologies
（謝罪しない）

必要以上に謝ったり、
申し訳なさそうな態度をとったりしない。

Stick to value
（価値観を守る）

相手に好かれるためや目的のために、
自分の価値観を犠牲にしない。

be Truthful
（誠実であれ）

ウソをついたり、大げさに言ったり、
不誠実な方法で望みを叶えようとしない。

参考文献：『弁証法的行動療法実践マニュアル－境界性パーソナリティ障害への新しいアプローチ』（マーシャ・M・リネハン著、小野和哉監訳、金剛出版、2007年）より改変

CHAPTER 3

感情調節

感情調節
スキル
1

自分の気持ちにニックネームをつける

（こんな悩みを解消）なんとなく気が晴れない

心のなかにいろんな感情が渦巻いてモヤモヤするとき。仕事や勉強には集中できないし、好きなことをしていてもいまひとつ楽しめないですよね。

DBTでは、感情に「切迫感」があるかないかで対処の仕方を変えます。切迫感とは、感情に圧倒されて身動きがとれない感覚や、絶望感、焦燥感がある状態。切迫感が強くなると、問題を一刻も早くどうにかしよう、自分の欲求や要求を今すぐ満たそうとして、後先を考えずに行動してしまいます。そんなときに効果的なスキルはのちほど紹介するとして、ここでは**切迫感がそこまで強くないときに役立つ「感情調節スキル」**を紹介します。

感情を表すキーワード

これを使って「描写」の練習をしましょう！

怒り　怒り　不機嫌　激怒　腹立たしい　動揺　憤激　憤怒
イラ立ち　凶暴性　悪意　欲求不満　残酷　卑劣
執念深い　破壊的　不平　など

悲しみ　悲しい　絶望　嘆き　悲惨　苦痛　失意　悲痛　疎外感
不満　失望　苦悩　落胆　感傷　拒絶　不愉快　悲哀
挫折　みじめ　孤立　苦難　不安　意気消沈　孤独　不幸
憂うつ　ふさぎ込む　ホームシック　打ちひしがれる　など

楽しみ　楽しい　嬉しい　喜び　感動　感嘆　歓喜　バラ色
素晴らしい　おもしろい　幸せ　幸福　有頂天　希望
上機嫌　充足　満足　興奮　愉快　陽気　高揚　歓楽　楽観
ワクワク　ウキウキ　ドキドキ　など

驚き　驚き　びっくり　驚異　驚愕　驚嘆　仰天　衝撃　畏敬
飛びあがる　意表をつかれる　など

恐怖　恐怖　恐れ　パニック　懸念　戦慄　不安　緊張　悩み
困惑　怖い　窮屈　心配　イライラ　ヒヤヒヤ　ビクつく
など

嫌悪　嫌悪　拒否感　ウンザリ　嫌気　あきれ　嫌い　反感　憎悪
嫉妬　妬み　恨み　敵意　不快　など

罪悪感・羞恥心
罪悪感　羞恥心　恥ずかしい　動揺　屈辱　悔しい　侮辱
後悔　過失　など

興味　興味　心を奪われた　魅惑的な　魅力　好奇心
没頭している　夢中　魅了　誘惑　うっとり　熱望　愛着
熱狂　心酔　探求　勉強好きな　など

参考：『弁証法的行動療法実践マニュアル－境界性パーソナリティ障害への新しいアプローチ』（マーシャ・M・リネハン著、小野和哉監訳、金剛出版、2007年）及び『弁証法的行動療法ワークブック－あなたの情動をコントロールするために』（スコット・E・スプラドリン著、斎藤富由起監訳、金剛出版、2009年）を参考に一部改変・加筆実は人間の感情は、大きく分けると**「怒り」「悲しみ」「楽しみ」「驚き」「恐怖」「嫌悪」「罪悪感・羞恥心」「興味」**の8つしかありません。複雑に思える感情も、どれかに分類されるか、これらの組み合わせによるもの。ちょっと驚きですよね。

自分の感情をうまく言い表すキーワード。それが今のあなたの感情の名前です。

友だちに嫌味を言われて**【イラ立ち】**（怒り）を感じている。

プレゼンに向けて**【ワクワク】**（楽しみ）も感じるけれど**【緊張】**（恐怖）も感じている。

自分なりのニックネームをつけてもいいと思います。

恋人が「かわいい」と言っていた芸能人にモヤモヤしたら、「今、私のなかに**【ジェラ子】**がいる！」（嫉妬／嫌悪）とか。

失敗をいつまでも引きずっていることに気づいたら、「いつもの**【超気にしいちゃん】**がきた！」（後悔／罪悪感・羞恥心）とか。

自分の感情を特定し、名前をつけることで、感情のコントロールがしやすくなります。

自分自身と感情を切り離して客観視できるようになるからです。

もし余裕があれば、感情をもっと詳しく描写してみてください。

感情を詳しく描写するワーク

感情の名前は？

例：やったことのない仕事なのに、上司に「できます！」と見栄を張ってしまって、【恥ずかしさ】【罪悪感】でモヤモヤしている。

感情の強さのレベルは？
（過去に強い感情が湧いたときと比較して0～100）

例：30くらい。

体にどんな変化が表れた？

例：頬のほてり、背筋の冷や汗、心拍数の増加。

感情に対してどう考えた？

例：またやってしまった。いつも自分を大きく見せようとしてバカみたい。上司にもきっと見抜かれている。

そもそも、なぜそうなった？

例：上司が新しいプロジェクトのメンバーを探していた。

そのときの行動は？

例：同期より結果を出さなくちゃと焦って、とっさに手をあげてしまった。本当はその分野の知識はゼロ。

その後の感情や思考は？

例：どうしよう、もうあとには引けない。プロジェクトに間に合うように今から急いで勉強しなきゃ。今日、本屋さんに寄ろう。

参考文献：『うつと不安のマインドフルネス・セルフヘルプブック－人生を積極的に生きるための DBT（弁証法的行動療法）入門』（トーマス・マーラ著、永田利彦監訳、坂本律訳、明石書店、2011 年）より大幅に改変

感情を詳しく描写するときは、前のページのワークを参考に掘り下げていきます。P.26「自分の気持ちを実況中継する」で紹介した、自分が体験していることの描写に加えて、感情に対する思考やその後の状況も書き出してみましょう。

どんな感情も一時的なもの。やがて過ぎ去ります。湧いた感情を受け入れ、「大丈夫」「感情に押しつぶされることはない」「少しの間ガマンするだけ」と自分を安心させましょう。見栄を張ってしまった【恥ずかしさ】や【罪悪感】は一時的なもので、今から勉強すればプロジェクトに十分貢献できるはず。上司は見栄だと気づいたかもしれないけれど、それもこれから挽回すればいい。こうして全体を俯瞰すると、それほどひどい状況ではないことがわかり、感情も落ち着いてくるのではないでしょうか。

注意したいのは、**自分の感情を否定したり避けたりしないこと。**友だちに嫌味を言われて、とっさに「こんなことで怒るなんて私は器が小さい」と思って怒りにフタをすれば、怒りがおさまったように感じるかもしれません。

でも、この「回避」という反応は、次第に心にすり込まれていきます。友だちがなにか言おうとしただけで避けるようになり、いずれは別の友だちや、同世代の友だちみんなに対して、無意識に同じ反応を起こすようになる可能性があるのです。

あなたのなかに湧きあがる感情は自然で、ふつうのこと。そして、あなたはその感情に対処できます。安心して自分の気持ちと向き合いましょう。

感情調節スキル

2

「一次的感情」と「二次的感情」を切り分ける

（こんな悩みを解消）

感情が複雑に絡み合って心がぐちゃぐちゃ

自分の気持ちに名前をつけると冷静になれますが、名前をつけることが難しいときもあります。いろんな感情が絡み合っていて、自分を不快にさせているのがどの感情なのか、よくわからないときです。

心のなかを覗いて確かめることができればいいのに、できない歯がゆさ。心の声に耳を傾けて確認していく以外に方法はありません。

ただ、ヒントはあります。

感情には「一次的感情」と「二次的感情」があり、それらは連鎖して湧き起こることがある、ということ。

たとえば、仕事でミスをして上司に叱られたとしましょう。

とっさに湧いた「どうしてそんなにイヤな言い方をするんだろう！」「みんなの前で恥をかかせなくてもいいのに！」という【怒り】は、**一次的感情**。上司が自分を叱るという、自分の外で起きた出来事が引き起こした自然な反応です。

一方、そのあとに湧いてきた「ミスをした自分が悪いのに上司を責めてしまった」「失敗を認められなくて恥ずかしい」という【罪悪感・羞恥心】は、**二次的感情**。自分の一次的感情やそれにともなう思考・行動に対して感じている、二次的な反応です。

感情が複雑化して心がぐちゃぐちゃになってしまうのは、この二次的感情のせい。ここからさらに感情が連鎖していくこともあります。

そうなると、最初に感じた一次的感情をどんどん見失ってしまい、自分がなにに心を乱されているのかわからなくなっていきます。感情を特定して名前をつけることも、受け入れることも、対処することもできません。

感情が絡み合っているときは、**まず一次的感情と二次的感情を切り分けて捉えてみましょう。**相手の言葉やまわりの状況に対してとっさに生じた反応がなにか、考えてみます。


批判されたことへの怒り。

約束を破られたことへの悲しみ。

初めて経験することへの恐怖。

そうした一次的感情は自然な反応なので、感情を抑えたり変えたりする必要はありません。「自分の気持ちにニックネームをつける」スキルや、P.22〜61のマインドフルネススキルで和らげましょう。


起きた出来事に対して、自分の反応が強すぎる場合。

先ほどの例で言えば、上司に叱られたという出来事に対して「もう会社をやめてしまいたい」とまで思い詰めていたとしたら、ちょっと反応が強すぎる可能性があります。

その場合は、二次的感情が生じていると考えられます。

上司に叱られてとっさに怒りが湧いたことに対し、「ミスをした自分が悪いのに上司を責めてしまった」「失敗を認められなくて恥ずかしい」という二次的感情が生じ、そこから**「私はなんてダメなんだろう」「もう会社をやめてしまいたい」というネガティブな思考を次々と塗り重ねてしまう**のです。

時間が経つにつれてイヤな気持ちが強まっていったり、その上司に別のことで褒められてもまだイヤな気持ちが残っていたりした場合は、二次的感情である可能性が高いです。

二次的感情は大きく分けて5種類。

次のページから、それぞれの具体例と対処法を紹介します。二次的感情と思われる感情が生じたときは、どれにあてはまるか考えてみてください。

①一次的感情にともなう不快感

自分が抱いている一次的感情を認められない。

例：友だちの幸せそうなSNSを見て妬ましく感じたが、「友だちの幸せを喜べない私はひどいやつだ」と思う。

▼一次的感情を認識する

－友だちが幸せそうで妬ましい

▼一次的感情に対してどう思っているか考える

－友だちの幸せを喜べない私はひどいやつだ

▼その考えに反論する

－友だちだからと言って全部を認める必要はない、妬んでもいい

▼一次的感情にマインドフルネス（集中する）になる

▼「私はこの感情に耐えられる」と自分に言い聞かせる

▼一次的感情を、少しの間じっくり感じてみる

②過去の出来事にまつわる強い感情

似たような出来事が起きると、過去の感情の記憶がよみがえる。

例：恋人から返信がないと、前の恋人に浮気されたときに感じた絶望感がよみがえってきて苦しい。

▼抱いている感情を認識する

－返信がなくて寂しい、浮気しているんじゃないかと不安でたまらない、また浮気されると思うと絶望的な気持ちになる

▼一次的感情と二次的感情を切り分ける

－「寂しい」は一次的感情、「浮気が不安」「絶望的な気持ち」は二次的感情

▼とりあえず、一次的感情の対処プランだけを考える

－浮気しているんじゃないかと不安になるのは私の問題、相手にはぶつけない、仕事が忙しいと言っていたから気長に待とう

▼落ち着いたら、二次的感情にマインドフルネス（集中する）になる時間をつくる

③世の中への思い込みにもとづく感情

「みんなに好かれなくてはいけない」「自分はなにをしても批判される」といった思い込みが二次的感情を引き起こす。

例：「みんなに好かれなくてはいけない」と思い込んでいるせいで、ひとりに冷たくされただけで恐怖を感じる。

▼抱いている感情を認識する

－友だちに冷たくされて悲しい、みんなから嫌われているんじゃないかと思うと怖い

▼その感情を引き起こす思い込みがないか考える

－みんなに好かれなくてはいけない

▼その思い込みを疑問視し、違う意見を出す

－全員に好かれる必要ある？　自分が好きな人に好かれていればいいのでは？

▼自分の感情の変化に気づく

－好きな人に好かれていればいいや、あの子に冷たくされたからと言って友だちがいなくなるわけじゃない

④将来の予想にもとづく感情

将来についての思い込みが二次的感情を引き起こす。

例：30歳を過ぎても独身だったら、寂しい人だと思われそうで怖い。

▼抱いている感情を認識する

—寂しい人だと思われることを恐れている

▼自分が将来をどう予想しているか考える

—30歳を過ぎても独身だったら、結婚してくれる相手がいない寂しい人だと思われるんじゃないか

▼その予想を疑問視し、違う予想を考える

—30代以上で独身の人はたくさんいる、結婚はしてもしなくてもいい、結婚していないと寂しい人なんて今どき誰も思っていない

▼自分の感情の変化に気づく

—寂しい人だと思われたくないばっかりに急いで相手を見つけるのはどうなんだろう、自分が本当に幸せだと感じる人生にすることのほうが大事

⑤自分のアイデンティティが引き起こす感情

自分のアイデンティティや性格に対する考えが二次的感情を引き起こす。

例：失恋して悲しいのに、まわりから「いつも明るい人」だと思われているから、笑顔でいなくてはいけなくてつらい。

▼抱いている感情を認識する

－無理に明るく振る舞っているのがつらい

▼自分のアイデンティティや性格をどう捉えているか考える

－明るいことだけが取り柄、私が笑顔でいなければ余計な心配をかけてしまう

▼その考えを疑問視する

－私のよさは「明るい」だけじゃない、いつも明るくいてほしいと誰かに頼まれたわけじゃない

▼自分が望むアイデンティティを考える

－自分の気持ちに素直でいたい、いつも自然体でいられる人になりたい

▼それを実践したらどんな感情を抱くか考える
―悲しいときは悲しい、楽しいときは今まで以上に楽しい、もっと生きやすくなる

感情調節スキル

3

怖いと感じたら、あえてやってみる

（こんな悩みを解消）断られるのが怖くて誘えない

友だちをごはんに誘いたいけれど、断られるのが怖くて自分から誘えないとき。そのまま誘えずにいると、「誰かを誘うことは怖い」という気持ちはどんどん大きくなっていきます。感情と一貫した行動をとると、その感情は増大するのです。

対処法は、**「自分の感情と反対の行動をとる」**こと。誘うことが怖いなら、誘ってみる。「それができれば苦労しないよ！」というツッコミが聞こえてきそうですね。もちろん、自分の感情をごまかして無理に誘うわけではありません。まずは自分が抱いている感情を観察・描写・関与して受け入れることがポイント。そのうえで、今の感情に対する考え方を変え（コーピング思考と言います）、反対の感情を引き起こすような行動を選択します。

反対の行動をとったからと言って瞬時に感情が変わるわけではないものの、**その行動は脳に伝わり、ゆっくりですが着実に新たな感情を生み出していきます。**


状況によっては、どう行動すれば反対の感情が生み出されるのか、わかりにくいケースもあると思います。

たとえば、自分を傷つけるようなことを言ってくる友だちを憎らしく感じているとき。「憎い」「嫌い」の反対の感情を「愛しい」「好き」だと捉えてしまうと、その友だちをなんとか好きになろうとして余計に苦しくなります。

「憎い」の反対は「愛しい」ではなく「無関心」。友だちに対して無関心でいることが、反対の行動になるのです。


反対の行動がなにかを見極めるコツは、**今の感情が「活動的な感情」と「非活動的な感**

情」、どちらなのかを考えること。

「憎い」も「愛しい」も活動的な感情。対して「無関心」は非活動的な感情です。「怖い」や「寂しい」は非活動的、「腹立たしい」や「楽しい」は活動的な感情と言えます。活動的か非活動的かという観点で考えていくと、反対の感情を生み出す行動がなにかを想像しやすいと思います。

恐怖を感じているときは、**怖いと感じる物事や人にあえて近づいてみる。**「意外と大丈夫じゃん！」というポジティブな感情を増やしたり、想像どおり打ちのめされたとしても「ここまではできた」と小さな成功を喜んだりする。

怒りを感じているときは、相手を攻撃しようとするのではなく、**その人のことを考えるのをやめる。**あるいは、「あんなことを言っちゃうなんて、あの人も心に余裕がないんだな」と**相手に思いやりや共感の心をもってみる。**

悲しみや憂うつな気持ちを抱えているときは、感情を受け入れながらも、**アクティブに行動する。**夢中になって楽しめることや、自信をもてるようなことをする。

自分の気持ちと反対の行動をとるためのステップ

①今、抱いている感情を認識しよう

例：友だちをごはんに誘って、「忙しいから」と断られたり、「かまってちゃんだな」とあきれられたりすることが怖い。

②その感情を受け入れてみよう

例：誰だって断られたくないし、あきれられたくない。そう思うのはふつうのこと。大切な友だちなら、なおのことそう思う。

③その感情を、別の考え方で捉えてみよう（コーピング思考）

例：もし断られても、私のことが嫌いというわけじゃない。タイミングが合わなかっただけ。友だちと一緒にごはんを食べたいと思うのは自然なことで、「かまってちゃん」とは思われない。逆に友だちから誘われたとしたら、あきれられるどころか嬉しいと思うはず。
誘ってみてOKだったら、友だちとおしゃべりしてリフレッシュできるし、楽しい時間を過ごせる。

④反対の行動をとってみよう

例：友だちに「今週どこかで一緒にごはんを食べない?」と連絡してみる。自分が傷つきたくないからと言って「暇だから連絡しただけなんだけど」とか「急に無理だよね、ごめんね」とは言わず、素直にシンプルに誘ってみる。

⑤ポジティブな想像をしよう

例：誘えた私、えらい！　OKだったら嬉しいし、ダメだったらまた誘えばいい。誘うことへのハードルが少しずつ下がって、そのうち誘いたいときに誘える自分になっているはず。変化が楽しみだな。

参考文献：『うつと不安のマインドフルネス・セルフヘルプブック－人生を積極的に生きるための DBT（弁証法的行動療法）入門』（トーマス・マーラ著、永田利彦監訳、坂本律訳、明石書店、2011 年）より大幅に改変

罪悪感や羞恥心を感じているときの行動は、2パターンあります。罪悪感や羞恥心というのは、感じてしかるべき場合と、感じる必要がないのに感じてしまっている場合があるからです。

誰かを傷つけてしまったときや、ウソをついてしまったときに、罪悪感や羞恥心を感じるのは間違っていません。その場合は、**素直に謝ること、相手の気持ちや状況がおさまるように力を尽くすこと、今後同じことはしないように努めること**が反対の行動。

自分のしたことはもう取り返せませんから、潔く事態を受け入れ、感情も受け入れて、波が引くのを待ちましょう。

一方で、たとえば誰かから頼みごとをされたけれど、別の大事な用事があって急いでいたので断ったとします。仕方のないことなのに、頼みを聞いてあげられなかった罪悪感を感じているとしたら、それは本来感じなくても済む感情かもしれません。

その場合は反対の行動ではなく、P.70「友だちの会話を遮る」で紹介したスキルを使って、頼みごとを断る経験と罪悪感を感じる経験を何度も重ねます。「断っても大丈夫」「罪

悪感を感じる必要はない」と思える体験を繰り返すことで、同じ状況になっても罪悪感を感じない心へ少しずつ変化していきます。

反対の行動をとることは、感情を抑えるのではなく、新しい感情を生み出すこと。苦しい気持ちを前向きに変えていくために、ぜひ実践してほしいです。

感情調節スキル

4

楽しいことリストをつくって、ワクワクを積み重ねる

（こんな悩みを解消）ネガティブ思考がやめられない

物事をネガティブに捉えてしまうことは誰にでもあると思います。毎日いろんなことが起きるなかで、つねに前向きな心を保つのは至難のわざ。

ただ、ネガティブな気持ちをずっと抱えている人は、ポジティブな気持ちになれる出来事から距離を置いてしまう傾向があります。せっかく気分を変えられるチャンスがあるのに、自分から手放してしまうのはもったいないですよね。

「明日の面接で失敗したらどうしよう」「イヤな人だと思われたかもしれない」「もう少し

時間があったらもっとうまくやれたのに」……とついネガティブな感情や思考に陥ってしまう人は、ポジティブな感情を増やすためのトレーニングをしましょう。

ちょっとしたことでいいので、**自分がワクワクするような楽しいことをリストアップして、毎日ひとつずつやってみます。**

たとえば、「仕事帰りにスタバの期間限定フラペチーノを飲む」「ネイルの色を変える」「お気に入りの香りの入浴剤でお風呂に入る」「ペットを飼ったらどんな名前にするか考える」「海外ドラマを1話ずつ観る」「Instagramで憧れの旅行先の写真を集める」など。

楽しいことリストは、**とにかくやってみることが大事。**たとえ気がのらなくても実行！　やっている最中は、自分の体験や感情にマインドフルに。フラペチーノの冷たさや甘さ、ネイルを塗る感触や色の美しさ、バスルームに広がるいい香り……。今この瞬間に全神経を集中させて楽しみます。

雑念が浮かんだことに気づいたら、ゆっくりと「今」に意識を戻します。「思ったより楽しめないな」「前はもっといい気分になれたのに」と、予想や過去と比べることもストップ。

そして最後に、やってみたことで生まれた自分の感情を描写してみましょう。「今すぐ走り出したい気分」「疲れが癒されて心地いい」など、なんでもかまいません。その感情がいいか悪いか判断する必要はなく、**今のありのままの感情を見つめることが大切です。**

どうしてもポジティブな体験をする気になれない人は、ポジティブな体験に対する思い込みがあるかもしれません。

「そんなことをしてもポジティブ思考にはなれない」
「その瞬間は楽しいかもしれないけど、すぐにネガティブな気持ちに戻るに決まっている」
「私なんかがポジティブになろうとしちゃいけない」

心のどこかでそう思い込んでいるなら、自分に応援メッセージを贈ってあげてください。

「やってみたらきっと楽しくなってくる！」
「たとえ短時間でも、今この瞬間を楽しめればラッキー！」
「私にはいつでもどこでも楽しむ権利がある！」

最終的な目標は、ポジティブな感情を長続きさせること。でも、**そのためには最初の一歩が絶対に必要です。**1分でも1秒でもポジティブな気持ちになることができたら、あとはその積み重ね。やってみるたびに楽しさや満足感が増していき、ポジティブな自分に少しずつ近づいていっていることを実感できると思います。

あなたがワクワクすることはなんですか？　まずはひとつ、思い浮かべてみてください。

感情調節スキル 5

感情は顔に出していい

（こんな悩みを解消）本心を誤解されやすい

みんなで楽しくおしゃべりしていたのに「なんか怒ってる?」と言われたり、上司からのお叱りを真剣に聞いていただけなのに「反省していない」と言われたり。

本心を誤解されやすいことに悩んでいる人は、新しい環境で人間関係をなかなか築けずに苦戦した経験もあるかもしれませんね。

本心を誤解されやすい理由として考えられるのは、**感情表現があまり豊かではないこと。**

言葉での表現を「言語的コミュニケーション」、表情・姿勢・声のトーンなど体による感情表現を「非言語的コミュニケーション」と言い、私たちは両方の表現を使いながらコミュニケーションをとっています。

もし、相手の2つの表現が一致しない場合、人はたいてい非言語的コミュニケーションのほうを信じてしまいます。いくら言葉で「楽しい」と言っていても、表情や声のトーンが楽しくなさそうだと、人からは「楽しんでいない」と捉えられてしまうということです。

「表情筋」という筋肉を知っていますか？

感情が湧きあがると、私たちの体には変化が起こります。筋肉が緊張したりゆるんだり、血圧が上下したり、心拍数や皮膚温度が変動したり。なかでも感情と関係が深いのが、顔の表情をつくる表情筋。感情を表現して相手に伝えるうえで、表情筋は重要な役割を果たしています。

ところが、境界性パーソナリティ障害の患者さんは、**無意識に表情筋をコントロールしてしまう傾向があります。**自分の感情を出してはいけない、出さないほうが事態がうまく進むといった思い込みから、感情を隠すくせがついてしまっているケースが多いのです。

もしかしたら、あなたにも同じことが起きているのかもしれません。

過去に本心を誤解されたとき、自分はどんな表情をしていたでしょうか。楽しいとき、悲しいとき、悔しいとき、腹立たしいとき、自分はどんな表情をしているでしょうか。

いろんな感情を抱いているシチュエーションを想像しながら、ぜひ鏡を見てみてください。自分が思っているよりも表情が変わらなかったり、別の感情が読みとれてしまったりするかもしれません。人とコミュニケーションをとるときは、感情を表に出すことを恐れず、**感情と表情を近づける**ことを意識しましょう。大げさに感じるくらいでもいいと思います。

こうして考えると、まわりの人に対するイメージも少し変わってきますよね。いつも無愛想で苦手だと思っていた人や、話しかけてもあまり楽しそうに見えなくて「私のこと嫌いなのかな?」と思っていた人も、感情と表情が一致していないだけかもしれませんよ。

感情表現の度合いは人それぞれ。感情表現の豊かな人とそうでない人、どちらがいい・

悪いということはありません。

重要なのは、**自分の感情にともなった自然な感情表現ができていること。** 感情が表に出ないように繕っていたり、本来の自分ではない別の姿を装っていたりしていないか、今一度考えてみましょう。

人と意思疎通を図るためには、言葉だけでは足りません。非言語的コミュニケーションもうまく使いながら、お互いを理解し合える人間関係を築きたいものです。

ちなみに、感情表現が豊かではないために、自分の望んでいることを相手にうまく伝えられない場合もあると思います。

そんなときのキーワードは〝**TRUST**〟。自分の傾向を知り、それを感情表現にうまく活用するための指針です。

たとえば、ちょっと上から目線な態度の友だちがいたとしましょう。一緒にいて楽しいし尊敬できる面があるから友人関係は続けたいけれど、私のやることにケチをつけてくるのがイヤ。私の気持ちをきちんと伝えて態度を見直してもらいたい。そんな場合の〝TRUST〟の使い方を、具体例とともに紹介します。

感情表現上手になるためのキーワード

"TRUST"
信用

Trust（信用する）

自分が抱えている感情は適切だと信用する。

例：いくら友だちだからと言って、なんでもかんでも批判されたらイライラするのは当然のこと。私はイライラしてもいい。

Redirect（向け直す）

自分の注意を、目的や目標に向け直す。

例：私の目的は、友だちに自分の気持ちを伝えて、態度を見直してもらうこと。

Use（使う）

自分の性格に対する認識を使い、合理的な選択をする。

例：私は普段おとなしい性格で、自分の意見を主張することもあまりないから、友だちはきっと私の気持ちに気づいていない。自分の性格に対する認識を使って、「伝える」という合理的な選択をしよう。

Sense（感知する）

自分の表情、筋肉、声、姿勢などを感知する。

例：私は今、緊張している。表情がこわばっていて、声を出そうとするとちょっと震える。

Tame（調節する）

目的に合わせて感情表現を調節する。

例：いきなり声を荒らげて怒りをぶつけても、友だちはびっくりしてしまう。私が批判的な言葉に傷ついていること、大事な友だちだからこそ私を肯定して応援してほしいことを、冷静に、でも真剣に伝えよう。

参考文献：『うつと不安のマインドフルネス・セルフヘルプブック－人生を積極的に生きるためのDBT（弁証法的行動療法）入門』（トーマス・マーラ著、永田利彦監訳、坂本律訳、明石書店、2011年）より大幅に改変

ごめんね
あんまり楽しくない
映画だった？
えっ？
楽しかったよ
なんか機嫌悪い？
えっ
そんなことないよ
思ってることと
顔や体の表現を
近づければ
いいいいのかな？
楽しいよ
イェーイ

感情調節スキル

6

自分ポイントカードをつくって、自信のバロメーターに

（こんな悩みを解消）ちょっとしたことですぐに傷ついてしまう

心理学には**「統御力《とうぎょりょく》」**という言葉があります。**「自分は有能で、物事をコントロールできている」**という感覚をもっている人は、統御力が高い人。ちょっとしたことには動じず、ネガティブな感情を自分でコントロールすることができます。

世の中で成功している経営者や著名人は、統御力が高い人が多いと言えます。ただし、みんながみんな、生まれつきそうだったわけではありません。困難にチャレンジし、失敗しても起きあがる。その経験を重ねることで統御力が養われた人も大勢いるでしょう。

つまり、統御力は誰もが身につけることのできる力なのです。

誰かの何気ない言葉に傷ついたり、端から見れば些細なことで自信を失って落ち込んだり……。**傷つきやすさを減らすには、統御力を養うことが大切。**

すぐに「傷つかない自分」に変わることは難しいですが、普段から統御力を高めるトレーニングをすることで、傷つくような出来事があったときにも動じない自分へと少しずつ変化していきます。

統御力を高めるおすすめの方法は、**「自分ポイントカード」**をつくること。小さな目標を立てて1日ひとつずつクリアしていき、クリアしたらスタンプを押したりポイントを付与したりするゲーム感覚の方法です。カードは自作してもいいですし、ポイントカード作成アプリを使うのもあり。

目標は、ちょっとがんばればできるくらいの難易度でクリアできたら嬉しいものがベスト。いくつかの目標を順にクリアしても、ひとつの目標を毎日継続してもいいと思います。

たとえば、「本を1日5ページ読む」「英単語を1日5つ覚える」「苦手な野菜を1日1つ食べる」「出勤時、エスカレーターではなく階段を使う」「朝のメール返信を30分以内に終わらせる」「お風呂からあがる前に浴室を掃除する」など。

この方法の目的は、**「自分の意志で自分を変える」という経験**を少しずつ積み重ねていくこと。ポイントがたまるごとに「私はできる！」という感覚が増えていき、ひいては統御力を養うことにつながります。

自分の意志で自分を変えることができた過去の成功体験を思い返し、リストアップするのもおすすめ。これも、大それた成功である必要はなく、小さな成功でかまいません。たとえば、「朝10分早く起きられるようになった」「週1回は自炊するようになった」「苦手だった取引先の人ときちんと話せるようになった」「ずっと気になっていたカフェにひとりで入れた」「先月から家計簿アプリに出費を入力している」など。

書き出してみると、思ったよりも自分で自分をコントロールできていること、そしてそれが状況の向上や改善につながっていることがわかるのではないでしょうか。

できていないことにばかり目が向いてしまい、「私はなんてダメなんだろう」と思い悩

んでいるときは、小さな成功体験を積んでいく、もしくは過去の小さな成功体験を思い返してください。そして、「私って意外とやるじゃん」と素直に自分を褒めてあげてください。

日頃から自分を信じて、統御力を高めていれば、心を揺るがす出来事が起きたとしても大丈夫。**「私なら乗り越えられる！」**と自然と思えるはずです。

感情調節スキル 解説

感情には、人生を彩り豊かにする力がある!

感情というものは、いったい何のためにあるのでしょうか。感情の起伏が激しい人や感情に振り回されやすい人は、「感情なんてなければいいのに」と思ったこともあるかもしれませんね。

私たち人類が感情を発達させてきたのは、**生存のため**です。この世界で起きるさまざまな出来事に感情を使って対処することで、ほかの生物にはなかった予測不可能で変化に富んだ生き方ができるようになりました。お互いに協力し合うことも、競り合って成長していくことも、粘り強く続けることも、創意工夫することも、感情があるからできること。

感情があってよかったことを思い出してみましょう。

天気がよくて気持ちいい。新しい服を着てウキウキ。友だちと久しぶりに集まって楽しい。感動的な映画に心を揺さぶられる。大きな仕事に挑戦してやりがいを感じる……。感情は世の中を体験する手段。物事に対して感情を抱くことができるからこそ、私たちの人生は彩られます。

大切な人を思うと力が湧く。壁を乗り越えた先の喜びを想像したら、苦しくてもがんばれる。それも感情があるからこそ。感情は行動のモチベーションになり、ときに**困難さえも乗り越える大きなパワーになる**のです。

痛みや不快感をともなう感情が私たちを傷つけることもあります。でも、それも「世の中を体験している」ということ。その状況についての情報を教えてくれ、ときに警告を与えてくれるものなので、いらない感情でも、間違った感情でもありません。

ただ、痛みや不快感は苦しいもの。苦しくて拒もうとすると、ますます苦しさは増して、やがて「苦悩」に変わってしまいます。そうならないように身につけておきたいのが、自分の感情を受け入れて調節する感情調節スキルです。

イヤな感情とじっくり向き合った経験なんて、なかなかないですよね。ちょっと勇気がいるかもしれません。でも、苦しさを和らげるには、**自分の感情を知って受け入れる**というステップが不可欠。恐れずに向き合うことから始めましょう。

感受性の強い人は、ネガティブな感情に苦しむことが多い一方で、ポジティブな感情をたくさん感じとる力ももっています。**人生をもっともっと豊かにするポテンシャルを秘めている**ということです。

モヤモヤやイライラの代わりに、ワクワクやウキウキを増やすトレーニングを積んで、人生の充実度をアップさせていきましょう。

傷つきやすさを減らすためのキーワード

“Please Master”

treat PhysicaL illness（体の病気を治す）

体を大切にして、必要なときは病院に行く。

balance Eating

（バランスのいい食事をとる）

ちょうどいい量をバランスよく食べる。血糖値を急激に上下させるなど、感情を過度に変動させる食べものを避ける。

Avoid mood-altering drugs

（気分を変動させる薬を避ける）

処方された薬以外は飲まない。アルコールにも要注意。

balance Sleep

（バランスのいい睡眠をとる）

いい気分で過ごせる睡眠時間を確保する。睡眠に問題があれば改善プログラムを続ける。

get Exercise（運動する）

毎日なにかしらの運動をする。

build MASTER（統御力を養う）

「自分は有能で、物事をコントロールできている」と感じられることを毎日ひとつずつする。

参考文献：『弁証法的行動療法実践マニュアル－境界性パーソナリティ障害への新しいアプローチ』（マーシャ・M・リネハン著、小野和哉監訳、金剛出版、2007年）より大幅に改変

感情調節スキルを磨くためのキーワード

"EMOTIONS"
感情

E̲xpose yourself to emotions
（感情に自分をさらす）

例：友だちから「結婚することになった」というLINEがきて、「妬ましい」と感じている。とりあえずこの感情に身を任せよう。

M̲indful of current emotions
（今の感情にマインドフルネスになる）

例：「妬ましい」が7割、「焦燥感」が3割くらいある。頭に血がのぼって顔がほてってきた。「嬉しい」気持ちもあるけれど、100％祝福できない自分に「嫌悪感」も感じている。

O̲utline plan to deal only with primary emotion
（一次的感情の対処プランを考える）

例：まずは「妬ましい」「焦燥感」に対処しよう。マインドフルな呼吸でいったん落ち着こう。

T̲ake opposite action
（反対の行動を起こす）

例：嬉しい気持ちも確かにあるから、素直に「おめでとう！」「うらやましい」と返信しよう。

Increase positive experiences
（ポジティブな体験を増やす）

例：ゆっくりお風呂に入って、もったいなくて使っていなかったハイブランドのボディクリームを使おう。いい香りに包まれながら、好きな音楽を聴こう。

Outside precipitants?
（外的な誘因はなにか）

例：友だちが私より先に結婚すること。友だちのことは好きだけれど、いつもモテていて、ずっと妬ましく思ってきた。だから、今モヤモヤしているのは当然だ。

Notice what's going on
（今起きていることに気づく）

例：実際に返信してみたら、モヤモヤが少し和らいできた気がする。友だちも「早く結婚したい」と言っていたから、今すごく嬉しいだろうな。

Secondary emotions dealt with later
（二次的感情にはあとで対処する）

例：妬ましく思うのは、親しい友だちだからこそ。誰だって友だちを妬むことはある。そんな自分に嫌悪感を抱く必要はない。

参考文献：『うつと不安のマインドフルネス・セルフヘルプブック－人生を積極的に生きるためのDBT（弁証法的行動療法）入門』（トーマス・マーラ著、永田利彦監訳、坂本律訳、明石書店、2011年）より大幅に改変

CHAPTER
4

苦悩耐性

苦悩耐性スキル 1

苦しくてどうしようもないときは、数字を数える

（こんな悩みを解消）苦しくて衝動が抑えられない

自分の感情を受け入れ、調節し、必要であれば変えていくスキルが「感情調節スキル」でした。一方で「苦悩耐性スキル」は、つらい感情を変えることができない、もしくは変えるべきではない場合に、苦悩に耐えるためのスキルです。

P.120「自分の気持ちにニックネームをつける」で、「切迫感」のお話をしました。切迫感とは、感情に圧倒されて身動きがとれない感覚や、絶望感、焦燥感がある状態。抱いている感情に切迫感があると、あと先を考えない衝動的な行動に出てしまうことがあります。

たとえば、心ないＬＩＮＥを送ってきた友だちに意地悪な返信をしてしまう、人間関係がイヤになって一斉にＬＩＮＥをブロックする、会社や学校を無断で休む、暴飲暴食や衝動買いをする、など。境界性パーソナリティ障害の場合、自傷行為や自殺企図にまで発展してしまうことも。

感情に切迫感があり、生活に支障をきたすほどの衝動的な行動に出てしまいそうなときというのは、落ち着いてスキルを実践する余裕もなかなかありません。そういうときに使いたいのが、「苦悩耐性スキル」のなかでも単純な作業的スキル。

今の苦痛からとにかく気をそらし、自分を落ち着かせるための方法です。

おすすめは、いつでもどこでもできて没頭しやすい**「数字を数える」**方法。

たとえば、自分の呼吸を数える。数えることにだけ集中し、苦痛の原因に意識が向きそうになったらすぐに数字に焦点を戻します。少し余裕が出てきたら、P．46「自分の呼吸を数える」で紹介したマインドフルな呼吸でさらに自分を落ち着かせます。

本棚の本の数を数える、窓の外を歩く人を数える、スマホに入っているアプリの数を数えるなど、自分以外の物事を数えてそちらに注意を向ける方法もおすすめ。また、7の倍数を数える、100から7を引くことを繰り返す、といった簡単な計算も効果的です。

苦痛から気をそらすコツは、**頭を働かせてその作業に没頭すること。**パズルゲームをしたり、メールを整理したり、なにかの取扱説明書を読んだり、数字を数える以外にも自分が没頭できそうなことを探してみてください。

また、同じ「気をそらす」スキルとして、別の感覚を引き起こすという方法もあります。氷を手にもって強く握りしめる、腕に輪ゴムをはめて弾く、熱いお風呂に入るなど、ほかのことに感覚を反応させて苦痛から意識をそらしていきます。

これは、解離症状と呼ばれる症状を起こしやすい人にとくに向いていると言われています。解離症状とは、現実が現実ではないように感じたり、自分の体が自分のものではないように感じたり、過去の出来事が現実か夢か区別しにくくなったりすることです。

単純な作業的スキルで切迫感が落ち着いてきて、それでもつらい感情が続くときは、**「自分以外のほかの人に意識を向ける」**ことを試してみてください。

すぐにできる方法は、大切な人の写真を眺めること。家族や友だちでも、好きな俳優やミュージシャンでもかまいません。彼らが傷ついているあなたにどんな言葉をかけてくれるか、なにをして癒してくれるか、想像してみましょう。

ほかの人のためになにかをすることも効果的。人に贈るプレゼントを探しに行く、家族の用事を手伝ってあげる、職場や教室の掃除をする、ボランティア活動をする……。

つらいときは自分自身にばかり意識が向いてしまいますよね。でも、誰かのために行動することで気が紛れ、相手の役に立つ喜びも感じることができます。

感情は一時的なもの。**いい感情も、不快な感情も、永遠に続くことはありません。**

苦痛から気をそらすスキルを身につけていれば、どんなときも自分で自分を落ち着かせることができます。いちばんつらい状況を乗りきることさえできれば、あとはほかのスキルを組み合わせながら「感情をコントロールできる自分」へ少しずつアップデートしていけばいいのです。ここで紹介したスキルは、苦しくてどうしようもないときのお守りとしてぜひ覚えておいてください。

苦痛から気をそらすためのスキル

～切迫感【強】の場合～

数字を数える

・自分の呼吸を数える
・本棚の本の数、窓の外を歩く人の数、スマホに入っているアプリの数を数える
・7の倍数を数える、100から7を引くことを繰り返す

没頭できる作業をする

・パズルゲームをする　・メールを整理する　・取扱説明書を読む

別の感覚を引き起こす

・氷を手にもって強く握りしめる
・腕に輪ゴムをはめて弾く
・熱いお風呂に入る

～切迫感【弱】の場合～

大切な人の写真を眺める

ほかの人のために行動する

・人に贈るプレゼントを探しに行く
・家族の用事を手伝ってあげる
・職場や教室の掃除をする
・ボランティア活動をする

参考文献：『弁証法的行動療法実践マニュアル－境界性パーソナリティ障害への新しいアプローチ』（マーシャ・M・リネハン著、小野和哉監訳、金剛出版、2007年）より大幅に改変

あーっ！もうっ！
苦しい…っ！
通り過ぎる人を数えよう
1、2…21、22…
お待たせ映画何時からだっけ？
11時よ
12、13、14…
あれ？戻った？

苦悩耐性スキル

2

悲劇のヒロインになる前に、あえて他人と比較する

（こんな悩みを解消）劣等感を刺激されてつらい

大小の差はあれど、劣等感は誰もが持っているものです。みんなにチヤホヤされている美人の友だちも、会社でバリバリ活躍していち早く出世した同期も、実は他人にはわからない深刻な悩みを抱えているかもしれません。

とはいえ、自分が気にしていることを刺激されるような出来事があると、つらいですよね。「やっぱり私はダメなんだ」と思い詰め、さらに自信をなくしてしまいがちです。

でも、ちょっと待ってください。

このままつらい思いを引きずるより、**本当に劣等感を感じる必要のあることなのか**、少し立ち止まって考えてみませんか。

たとえば、恋人と街を歩いているとき、モデルのようにスタイルがよくていつも憧れているあなたの友だちと遭遇したとします。友だちが去ったあとに恋人が「あの子スタイル抜群だね〜！」と一言。もともと自分の体型に自信がなかったとしたら、その一言は刃のように心に突き刺さるでしょう。恋人は何気なく言ったつもりでも、あなたの脳には「あんな恋人がいたらいいのに」「君も痩せたら？」と変換されて届くかもしれません。

そんな状況でつらい気持ちになるのは自然なこと。でも、**そのまま劣等感を感じて自分を責める前に、冷静に考えてみましょう。**

私は友だちのようなスタイルにはなれないけど、それは私だけじゃなくてみんな同じ。まわりと比べて私の容姿はそんなに悪くない。恋人は私のことをいつも「かわいい」と言ってくれるんだから、私は私のままでいいじゃん。そもそも、スタイルがいい＝優れているわけではないのでは？　そういえば以前「背が高くてモテない」と悩んでいなかったっけ。

摂食障害の患者さんに向けたプログラムでは、外に出て道ゆく人を観察してもらうものがあります。「自分は太っている」という思い込みを和らげるために、自分より太っている人を数えてもらいます。現実を冷静に見つめ直すと、世の中にはいろんな体型の人がいて、自分が決して特別ではないことが理解できます。

自分が劣等感を感じている部分について、**自分より恵まれていない、うまくいっていないように見える人と「比較」する。**これは、他人を見下すということではなく、本来必要のない劣等感をなくすためのスキルです。

恋人ができなくて孤独を感じるときは、浮気や不倫をされた人のSNSを覗いてみる。人生なにもかもうまくいかないと落ち込んだときは、紛争や飢餓が続く国の同世代の人たちに思いを馳せてみる。

比較することで**感情モードが思考モードになり**、苦しみから気をそらすことができます。

羊子ちゃんちょっとぽっちゃりしてるもんね
ガーン
私…普通より
太ってるのかな…
いろんな人がいる…
私が特別太ってるわけじゃないじゃん

苦悩耐性スキル

3

怒りが湧いたら、泣ける映画を観る

（こんな悩みを解消）怒りや悲しみを今すぐ鎮めたい

P．136「怖いと感じたら、あえてやってみる」では、抱いている感情と反対の感情を生み出す行動をとるというスキルを紹介しました。これは中長期的に自分の感情を変えていくためのスキルですが、今この瞬間の苦しみから気をそらしたいときにも似たスキルを使えます。

恋人や友だちと遊ぶ約束をしていたのに、当日になって「今日は行けない」との連絡。こっちは準備もしていたのに……と怒りが湧いておさまらないときは、家でゆっくり悲しい結末の映画を観ましょう。

「腹立たしい」は活動的な感情。それに対して**「悲しい」という非活動的な感情を引き起こす映画をあえて観る**ことで、腹立たしさを鎮めることができます。


たとえば、職場の後輩が大きな仕事に抜擢され、悔しさや妬ましさを感じてモヤモヤしているときは、怖いと有名なホラー映画の鑑賞を試してみましょう。

これも「悔しい」「妬ましい」という活動的な感情に対し、**「怖い」という非活動的な感情を引き起こして**気をそらす方法です。


感情に訴えかけるものであれば、映画でなくてもかまいません。

悲しみを紛らわせたいときは、好きなお笑い芸人のコント動画を観る。

寂しさから逃れたいときは、海外の絶景の写真を眺める。

不安から抜け出したいときは、賑やかな音楽をかける。


強い感情に支配されていて気がのらないと感じても、感情を鎮めたいのであればとりあえず行動することが大切。映画や音楽が始まってしまえば、次第にその世界に没入して違う感情が引き起こされます。

自分が没入しやすく、感情が揺さぶられやすいものを探しておくのもおすすめ。

映画、ドラマ、動画、漫画、小説、絵本、写真、絵画、音楽、誰かからもらった嬉しいLINEや手紙、なんでもOKです。実際に試してみて、効果があるものをリスト化しておき、必要なときにすぐに観たり読んだりできるようにしておきましょう。

怒りで頭に血がのぼったときはこれ、寂しくて仕方ないときはこれ、といったように、**自分の感情を鎮めて落ち着かせるための「鉄板アイテム」**をもっておくと、感情がかき乱されても対処できるので安心です。

鹿美さんが先に出世…
ああ…モヤモヤする…
気晴らしにホラー映画…観よう…
ちょっ…この映画…
怖すぎぃ…!
あれ?
私なににモヤモヤしてたんだっけ…?

苦悩耐性スキル

4

苦しさに意味をこじつける

（こんな悩みを解消）
「どうして私がこんな目に」と思ってしまう

「苦悩耐性スキル」は、苦しさから一時的に気をそらすためだけのスキルではありません。苦しさを和らげ、前向きな気持ちにもっていくためのスキルでもあります。

そのひとつが**「意義を生み出す」**こと。

つらいことがあったとき、「どうして私がこんな目にあわないといけないんだろう」と考えてしまうことがあります。「私は不幸だ」「私ばかりつらい思いをしている」と思えば思うほど、苦悩は増していきます。

そんなときは、苦悩の意味を自分に都合のいいように考えてしまいましょう。**自分が苦しんでいることの意義や目的、苦しむことで生まれる価値**を、多少こじつけでもいいので自分が納得できるように考えてみるのです。

たとえば、上司に提出した企画書に容赦ないダメ出しを受けたとき。「あんなにがんばって考えた企画なのに！」「少しくらい褒めてくれてもいいのに！」と悔しさや怒りが湧きあがってきて、なかなかおさまりません。

そういうときは、自分がなぜこんなふうに感じているのか考えてみます。

自分なりにベストを尽くして考えた企画なのに、評価されなかったから。同期の企画書は褒められたのに、自分はダメ出ししかされなかったから。

つまりそれは、「まじめに仕事に取り組んでいる」「向上心をもって仕事に取り組んでいる」ということ。この苦悩は、**自分の仕事への情熱を自覚し、次はもっと成長するために感じている苦悩。**

そう考えると、悔しさや怒りをバネにまたがんばれる気がしませんか。

「ダメ出しされた」という出来事に対しても、「ダメ出しするのも労力がいるはずなのに、私の成長のためを思ってあえて厳しく言ってくれている。いい上司だ」と意味づけてみます。

自分の感情と出来事、両方に意味を見出すことができれば、より視点が変わって、気持ちも上向いてくると思います。

DBTではこの「意義を生み出す」スキルを、**「その瞬間を向上させる」**スキルと表現しています。

自分のなかに湧いてきた感情を否定せず、そのまま受け入れたうえで、その感情に意義を見出して、今この瞬間を向上させる。DBTらしさの詰まったポジティブなスキルです。

その苦悩はあなたにとって必ず意味がある。ぜひ覚えておいてください。

これじゃダメだね
やり直し
ガーン
がんばったのに…
完ぺきだと思ってたのにな…
ハッ!?
これってもっといい企画ができる可能性があるってこと?
私…もっとできる…?

苦悩耐性
スキル
5

自分を励ます「おまじない」をもっておく

（こんな悩みを解消）つらい現実を受け入れられない①

「コーピング思考」という心理学の言葉を聞いたことがありますか？　英語のcope（対処する）から生まれた、ストレスに対処する思考法を指す言葉です。

起きた現実は変えられません。現実も、それに対する自分の感情も、まずは受け入れなければなりません。受け入れずに拒めば拒むほど、苦悩はふくれあがっていきます。

現実を変えることはできませんが、コーピング思考で**「考え方を変える」**ことはできます。考え方を変え、自分を励まし、現実を受け入れていくのです。

先ほど紹介した「その瞬間を向上させる」スキルのひとつに、**「自分を励ます」**というものがあります。これは、つらいときに自分が少しでもポジティブな気持ちになれる言葉をかけてあげる方法。コーピング思考の一種です。

たとえば……

・私は耐えられる
・私は強い部分も持っている
・この状況は永遠には続かない
・私は過去にも同じような状況を乗り越えてきた
・つらいことに対処する方法を学ぶいい機会だ
・悲しみや不安を感じたっていい
・これで人生が終わるわけじゃない
・私は自分の感情も人生もコントロールできる

など

ＤＢＴ全般に言えることですが、「このスキルを使えば苦しみが即座になくなる」ということはありません。自分を励ます言葉に関しても、「この一言で苦しみがすべて消える」と思っているとうまくいきません。

ただ、感情は永遠に続くものではなく、なにかのきっかけで変化するもの。そのわずかな変化に気づき、自分にとって効果的な言葉を知ったうえで、何度も言い聞かせて思考を少しずつ変えていくことが重要。そうすることで「おまじない」はどんどん効果を発揮し、自分を守ってくれるようになるのです。

現実を受け入れることは、現実に負けることでも、なにもかも諦めて自暴自棄になることでもありません。変えられないものは受容し、変えられるものは変えていくという、**未来に進むために必要なステップ**です。

たとえつらい現実でも、これまで紹介してきたＤＢＴのスキルを使えばあなたは耐えられるし、感情や思考や行動を変えていくことができる。まずは現実を受け入れる勇気をもつことで、よりよい未来に一歩近づきます。

なんだか
不安だ…
私
大丈夫かな…
ハッ…
19日
きみなら
できるさ!!
だよね
私
できるよね！
なんか
そのグッズ…
できる!!
増えてない…？

苦悩耐性スキル

6

ふにゃふにゃ笑顔で心を穏やかに保つ

（こんな悩みを解消）つらい現実を受け入れられない②

心と体は通じ合っています。現実をどうしても受け入れられないときは、まず体で受け入れることを意識してみると、心にも徐々に変化が訪れます。

現実を体で受け入れる方法は、**「ハーフスマイル」**をすること。

ハーフスマイルとは、穏やかな表情で口角を少しだけあげる笑い方。「ほほえむ」とも言いますが、ニヤニヤしたり、苦笑や嘲笑したりすることとは違います。顔全体の力を抜き、リラックスした状態でほほえみを浮かべるイメージ。

鏡の前で練習してみましょう。

まず、無表情をつくります。なんの感情も読みとれない、自分のなかでもっとも冷淡な表情です。

次に、額、目、頬、口、顎、そして首や肩まで、筋肉をゆるめていきます。鏡に映る自分の表情がどう変化していくか感じながら、ゆっくりリラックスしていきます。

そして最後に、**唇の両端を少しだけあげて、穏やかな笑みを浮かべます。**苦悩やストレスを感じさせない、優しい表情になっているでしょうか？

この感覚を覚えておいて、つらいときやイライラしているときは意識的にハーフスマイルをしてみてください。

また、普段から心がけることも効果的。朝目覚めたとき、景色を眺めているとき、音楽を聴いているとき、電車に乗っているとき。日常にハーフスマイルを取り入れて、心を穏やかに保ちましょう。

上級編として、嫌いな人のことを考えながらハーフスマイルする方法も紹介します。あなたにつらい思いをさせている人、思い出すだけでムカムカする人だけれど、いろんな事情で関係を続けなくてはいけない。そういう人を思い浮かべ、ハーフスマイルの状態でその人の生活や思考を想像するのです。

その人は日常でどんなことに幸せを感じ、どんなことに苦しみを感じるのか。なにをモチベーションにして毎日を生きているのか。どんな価値観をもち、どんな偏見にとらわれているのか。自分で自分をコントロールできているか。

そこまで想像してみると、不思議と「思いやり」のような感情が少しずつ湧いてきませんか？　その人を許したり好きになったりする必要はありません。**共感できるポイントや労わりたくなるポイントがわずかでも見つかればいいのです。**あとは怒りや憎しみが消え去るまで、この練習を何度も繰り返します。

さあ、この本を読んでいる今、顔がこわばっていませんか？　この瞬間も、眉間のしわをゆるめて、口もとをリラックスさせて、ハーフスマイルしましょう。顔と一緒に心もほぐれていく感覚が味わえたら、効果てきめんです！

ハーフ
スマイルか…
意識してみよ…
ふにゃふにゃ～
何かいいこと
あったの？
なんか
羊子ちゃん
明るく
なったね
なんだか…
気分がいいな…

苦悩耐性スキル 解説

現実を受け入れて、「もっといい未来を生きる!」宣言をしよう

苦悩耐性スキルは、その名のとおり「苦悩に耐える」ためのスキル。苦しさを引き起こしている状況を変えられず、感情を調節することができないときに役に立つスキルです。

ここで紹介したスキルのほとんどは、目の前の危機を乗り越えて短期間の苦悩に耐えるための方法。気をそらしたり、自分を落ち着かせたり、その瞬間を向上させたりして、苦しさを減らします。

これは**今の感情や現実から逃げるという意味ではありません。**対人関係保持スキルや感情調節スキルと同じように、ベースにあるのは「受け入れる」こと。調節できないほどの

つらい気持ちを受け入れることは簡単ではありませんが、受容することで**苦痛の強さや持続時間が確実に減る**とわかっています。

受容が難しいときは、受け入れて耐えた場合の結果と、受け入れずに逃げ出した場合の結果を想像してみましょう。現実から逃げて問題を先送りにしたり、衝動的な行動に出てしまったりしたことで、状況が悪化した過去はありませんか？　受け入れて耐えることが前に進むための唯一の近道であるという事実を、自分の経験を振り返って理解することが大切です。

人生にはさまざまな試練が待ち受けています。ときには、目の前の苦しさを減らすだけでは解決できない深刻な事態に直面することもあるでしょう。そんなときは、長期間の苦悩に耐えるためのトレーニング（P.195～）も参考にしてください。

もちろん、一瞬で苦悩が消え去るような都合のいい方法はありません。キーワードは、これまでにも紹介してきた**「呼吸」「ハーフスマイル」「マインドフルネス」**。これらを日常で何度も意識することで、現実を一歩ずつ受け入れていきます。

現実を受け入れることは、諦めることとは違います。現実に屈することでも、肯定することでもありません。

言わば、あなたにつらい思いをさせている現実に対して、「私は耐える！」「乗り越える！」「もっといい未来を生きる！」と宣言すること。**ポジティブな未来に向かう道のスタートラインに立つ**ということ。

この先、道の途中で壁にぶつかっても、30のスキルを知っていれば怖くありません。すぐには乗り越えられないかもしれませんが、実践してスキルを磨いていくうちに、着実に前に進むことができます。

想像してみてください。暗いトンネルの先に、今よりもっといい未来が待っている光景を。そこにたどり着いたとき、どんな自分になっていたら嬉しいですか？

苦痛から気をそらすためのキーワード

“ACCEPTS”
受容

Activities（活動する）
買いものに出かける、友だちとごはんに行く、忙しくてあとまわしにしていたことをするなど、活動的になる。

Contributing（貢献する）
人に贈るプレゼントを探しに行く、家族の用事を手伝ってあげる、清掃や募金をするなど、他人のためにできることをする。

Comparisons（比較する）
ある人たちと比べて、自分がどれくらい恵まれていて、どれくらい恵まれていないか考える。

opposite Emotions（反対の感情を抱く）
映画や漫画、音楽、手紙などで、今の感情と反対の感情を引き起こす。

Pushing away（遠ざける）
自分にイヤな思いをさせている人が小さくなって消えるところや、イヤな感情をボールのように遥か遠くへ投げるところを想像する。

other Thoughts（別のことを考える）
数字を数える、没頭できる作業をするなど、別のことで頭を働かせる。

intense other Sensations（別の感覚を引き起こす）
氷を手に持って強く握りしめる、熱いお風呂に入る、香水をつけるなど、感覚を別のことに反応させる。

参考文献：『うつと不安のマインドフルネス・セルフヘルプブック－人生を積極的に生きるためのDBT（弁証法的行動療法）入門』（トーマス・マーラ著、永田利彦監訳、坂本律訳、明石書店、2011年）より大幅に改変

その瞬間を向上させるためのキーワード

"IMPROVE"
向上

Imagery（イメージする）

安心感や心地よさを抱いたり、元気が出たりするような場所・場面を思い描く。

Meaning（意義を生み出す）

自分が苦しんでいることの意義や目的、苦しむことで生まれる価値を考える。

Prayer（祈る）

信仰しているものに祈りを捧げたり、瞑想したりする。

Relaxation（リラックスする）

マインドフルな呼吸、ストレッチ、マッサージ、入浴などで体をリラックスさせて、自分をおびやかすものがなくなったことを脳に伝える。

One thing at a time（一度にひとつのことだけをする）

今この瞬間にマインドフルになる。

Vacation（休息する）

スマホの電源をオフにする、映画館や美術館に行く、ホテルのラウンジでコーヒーを飲む、となりの県の友だちを訪ねるなど、普段と少し違うことをして数時間だけ日常から離れる。

Encouragement（励ます）

自分に少しでもポジティブになれる言葉をかけてあげる。

参考文献：『うつと不安のマインドフルネス・セルフヘルプブック－人生を積極的に生きるための DBT（弁証法的行動療法）入門』（トーマス・マーラ著、永田利彦監訳、坂本律訳、明石書店、2011 年）より大幅に改変

現実を受け入れ、長期間の苦悩に耐えるためのトレーニング

自分の呼吸を観察する

・深呼吸をする
・呼吸を数える（詳しくはP.46）
・歩くリズムに合わせて呼吸をする
・音楽を聴きながら呼吸を意識する
・会話しながら呼吸を意識する

ハーフスマイルする
（詳しくはP.186）

・目が覚めたとき
・座っているときや立っているとき
・自然や子ども、絵画など、穏やかなものを見ているとき
・音楽を聴いているとき
・イライラしているとき
・嫌いな人のことを考えながら

日常生活の動作や感情にマインドフルになる
（詳しくはP.21 ～）

・自分の体とその感覚を意識する
・自分のまわりにあるものを一つひとつ意識する
・食事、入浴、運動、運転などをしながら動作や感覚を意識する
・喜び、怒り、愛情、興味、恐怖、悲しみ、罪悪感などの感情を意識する

参考文献：『弁証法的行動療法実践マニュアル－境界性パーソナリティ障害への新しいアプローチ』（マーシャ・M・リネハン著、小野和哉監訳、金剛出版、2007年）より大幅に改変

もっと詳しく知りたい方へ

弁証法的行動療法（DBT：Dialectical Behavior Therapy）って？

境界性パーソナリティ障害に特化した治療法で、アメリカの心理学者、マーシャ・M・リネハン博士が1987年に開発。

1991年に優れた治療効果が科学的に立証されました。

自傷行為や自殺企図、入院率や入院日数、治療中断率などがほかの治療法と比べて減少し、さらに治療後の社会生活の安定度が高いという結果が出ています。

DBTプログラムは、次の4つで構成されます。

①個人外来精神療法

患者さんがスキルを日常で実践できるように、治療者が個別に援助する。

②集団スキルトレーニング

複数の患者さんと複数の治療者によるグループでセッションをおこない、「マインドフルネス」「対人関係保持」「感情調節」「苦悩耐性」スキルを習得していく。本書で紹介するスキルは、この集団スキルトレーニングで学ぶもの。

③電話コンサルテーション

自殺や自傷行為をしたくなったけれど、自分で対処ができないときに、治療者が電話で相談を受ける。

④治療者のコンサルテーションミーティング

治療者が燃え尽きることのないように相談し合い、治療者同士でＤＢＴを施し合う。

おわりに

「自分の気持ちを否定しなくていいんだと初めて気づきました」

これは、私のクリニックでDBTプログラムを受けている患者さんの言葉です。

激しい感情や衝動を抑えきれずに苦しんでいる人は、自分の心に湧く自然な感情を責め、否定する傾向にあります。

でも、スキルトレーニングを重ねていくうちに「徹底的な受容」の大切さに気づき、受容して初めて苦しみから解放されるのだということを体感します。

最初のうちは独特なプログラムに面食らっていた患者さんが、次第に楽しさを感じるようになり、開始から数か月で変化を見せる。

「今まで自分の感情にどう対処していいかわからなかったけど、このプログラムで具体的な対処法がわかった」「光が見えた」と安心した表情になる。そんな様子を幾度も目の当たりにしてきました。

DBTという革命的な治療法に出会い、「薬を出すだけではなく、精神療法や心理教育もきちんとやることで患者さんを救いたい」という私の思いは、実現に向けて大きく前進したと感じています。

患者さんがいい方向へ変化していく様子を実感できるのは、治療者として嬉しいことです。

毎回提出してもらうホームワーク一つひとつに目を通してコメントを入れる作業は時間がかかりますが、私自身が患者さんから学ぶことも非常に多く、日々の診療に活かすことができています。

そんなDBTのエッセンスをわかりやすくまとめ、境界性パーソナリティ障害の患者さんはもちろん、感情に振り回されやすい多くの方に役立てていただけるような本を出版したいと以前から考えていました。

私のクリニックでは最大限の治療効果を発揮できるよう、ＤＢＴを主軸にしながら、ほかの心理療法も効果的に織り交ぜようと試行錯誤しています。

私のクリニックでやっているプログラムをさらに取り組みやすいように噛み砕き、一冊に凝縮したのがこの本です。

実際には何か月もかけてトレーニングしていくものですので、急に完ぺきにできるようになるわけではありません。でも、ちょっと意識してやってみるだけで心がラクになることもあります。

スキルを自分のものにする最大の秘訣は、頭で理解するだけではなく、とにかく行動に移すこと。ひつじの羊子ちゃんと一緒にひとつずつ挑戦して、徐々に習慣化させていきましょう。紹介した方法を自分に合うようにアレンジしてみてもかまいません。

スキルを使って心が軽くなったり、前を向けるようになったりしたら、傷つきやすい自分から少しずつ変わることができている証拠。もし自分で実践することが難しい場合は、サポートしてくれる治療者を探してみるのがよいでしょう。

プログラム中、患者さんによくお伝えしている言葉があります。

「不幸中の幸いを探しましょう」

ネガティブな感情が心を支配しているとき、傷ついて絶望しているとき、自分だけが不幸のどん底にいるように思えるものです。

でも、どんな状況であっても「幸い」は必ずあります。

それは、今この瞬間にマインドフルになることで見つかるかもしれないし、感情や思考を少しだけ変えることで見つかるかもしれません。この本で紹介した「30の行動リスト」は、不幸中の幸いを探すためのヒントとも言えます。

本書と出会い、手にとっていただき、ありがとうございます。

この本を通じて感情コントロールが上達し、あなたの人生がより充実したものになることを祈っています。

須田 賢太

参考文献

『弁証法的行動療法実践マニュアル－境界性パーソナリティ障害への新しいアプローチ』
マーシャ・M・リネハン：著／小野和哉：監訳（金剛出版）2007 年

『弁証法的行動療法 実践トレーニングブック－自分の感情とよりうまくつきあってゆくために』
マシュー・マッケイ、ジェフリー・C. ウッド、ジェフリー・ブラントリー：著／遊佐安一郎、荒井まゆみ：訳（星和書店）2011 年

『うつと不安のマインドフルネス・セルフヘルプブック－人生を積極的に生きるための DBT（弁証法的行動療法）入門』
トーマス・マーラ：著／永田利彦：監訳／坂本律：訳（明石書店）2011 年

『弁証法的行動療法ワークブック－あなたの情動をコントロールするために』
スコット・E・スプラドリン：著／斎藤富由起：監訳（金剛出版）2009 年

『自尊心を育てるワークブック』
グレン・R・シラルディ：著／高山巖：監訳（金剛出版）2011 年

『青少年のための自尊心ワークブック』
リサ・M・シャープ：著／高橋祥友：訳（金剛出版）2017 年

著者プロフィール

須田賢太

Kenta Suda

精神科医
目白メンタルクリニック院長

目白メンタルクリニックで日本ではまだまだ普及していないDBT（弁証法的行動療法）の臨床に取り組んでいる。これまで、多摩あおば病院（精神科単科）、豊郷病院精神科、彦根市立病院心療内科などで精神科・心療内科の研鑽を積み、入院治療ではアルコール依存症に境界性パーソナリティ障害や摂食障害を合併した女性患者の受け入れ事業、過食症の心理教育（疾患教育）プログラムの導入、アルコール依存症の心理教育（疾患教育）プログラム・動機づけプログラム・自己効力感向上プログラムの導入などに、外来治療では大人の発達障害などに積極的に取り組む。その間に認知行動療法センターで1年間トレーニングを受け、修了。薬物療法以外の治療を十分に受けられていない患者さんたちを回復に導きたい、専門的な診療を受けられていない患者さんたちの受け皿になりたいという思いを込めて、令和元年に目白メンタルクリニックを開設。精神科・心療内科のなかでも専門的な診療のできる医師が少ない分野である境界性パーソナリティ障害外来、大人の発達障害外来、摂食障害外来、減酒外来を設置し、DBT（弁証法的行動療法）やCBT（認知行動療法）といった治療効果が科学的に立証された精神療法プログラムを重点的におこなう。精神神経学会認定専門医・精神保健指定医。

マンガプロフィール

まるいがんも

Maruiganmo

岡山県倉敷市生まれ。38歳からマンガを描き始め、コルクラボマンガ専科2期を経て今に至る。現在、会社員をしつつ毎日マンガを描き続ける。何気ない人間模様を切り取って誰かの琴線に触れるマンガが描きたい。登山、ランニングが趣味。
2020年12月発刊の書籍『まんが あなたもできる！公民連携のまちづくり』のマンガ部分を担当。漫画サイトよめるもにて『おでんダネはよもやま話で』を連載。

Twitter アカウント　@kenihare
note　note.com/neominoru

クラブS

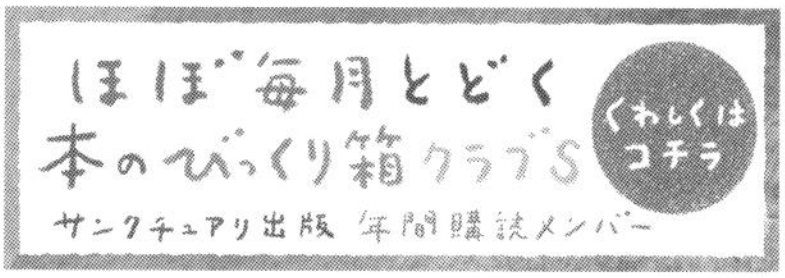

新刊が12冊届く、公式ファンクラブです。

sanctuarybooks.jp/clubs/

サンクチュアリ出版 YouTube チャンネル

奇抜な人たちに、
文字には残せない本音
を語ってもらっています。

"サンクチュアリ出版
チャンネル" で検索

選書サービス

あなたのお好みに
合いそうな「他社の本」
を無料で紹介しています。

https://www.sanctuarybooks.jp
/rbook/

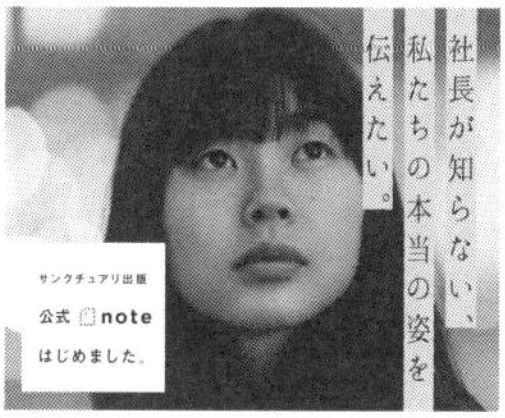

サンクチュアリ出版 公式 note

どんな思いで本を作り、
届けているか、
正直に打ち明けています。

https://note.com/
sanctuarybooks

人生を変える授業オンライン

各方面の
「今が旬のすごい人」
のセミナーを自宅で
いつでも視聴できる。

https://www.sanctuarybooks.jp
/event_doga_shop/

メンタルヘルス大国アメリカで実証された
心がモヤらない練習

2023年2月20日 初版発行

著 者　須田賢太

マンガ　まるいがんも
デザイン　井上新八
DTP　エヴリ・シンク
広報　岩田梨恵子（サンクチュアリ出版）
営業　市川聡（サンクチュアリ出版）
制作　成田夕子（サンクチュアリ出版）
編集協力　三橋温子（株式会社ヂラフ）
編集　奥野日奈子（サンクチュアリ出版）

発行者　鶴巻謙介
発行・発売　サンクチュアリ出版
〒113-0023 東京都文京区向丘2-14-9
TEL:03-5834-2507 FAX:03-5834-2508
https://www.sanctuarybooks.jp/
info@sanctuarybooks.jp

印刷・製本　株式会社 サンエー印刷